Ⓢ新潮新書

谷 充代
TANI Michiyo

「高倉健」という生き方

606

新潮社

「高倉健」という生き方……**目次**

「罪と罰」の問題——関係としての「罪」

プロローグ　ニッポンの顔

福井県敦賀《つるが》湾に面したとある港で、映画『夜叉』（一九八五年）の撮影がおこなわれていた。時おり、強い風に吹き飛ばされた雨粒が頬に突き刺さる。撮影に使われる、十メートルほどの高さに組まれた櫓のような金属製の足場がびしびしと音を立てていた。

その横なぐりの雨の中、健さんは傘も差さずに立っていた。三十年前、初めて実際に目にした高倉健の姿である。

取材者はいかなる場合もむやみと高倉健に近づいてはならない、映画会社の宣伝部に何度もそうクギをさされていた。しかし、まだ右も左もわからない映画のロケ現場で、ひたすら撮影カメラの位置だけを気にしてあっちへこっちへとうろつくうち、私はその真後ろに立ってしまったのだ。

間近で見る百八十センチの上背、がっしりした体軀に気圧されながらも、あわてて飛び退くのも失礼かとオロオロしていると、分厚いコートを着た俳優みたいな男性が腕組みをしたままこちらを睨んだ。プロデューサーということは後で知ったが、そのときの物言いたげな鋭い目つきは今もって忘れられない。

当時三十一歳、フリーライターとして初めての仕事だった。同行のスチールカメラは、くしくも私と同年同月同日生まれで山形県出身の女性。原宿で竹の子族などを撮りつづけ、すでにそれなりの知名度があった。私は寡黙で粘り強い彼女に撮影をお願いし、ロケのおこなわれている敦賀にしばらく同宿していた。

取材の初日、映画会社の人から降旗康男監督を紹介してもらった。健さんとは何度も一緒に仕事をしてきた生粋の「映画屋」である。監督は立ち止まり、帽子に手を当てながら静かに頭を下げてくれた。

錆びたドラム缶の横腹の穴から、オレンジ色の炎が蛇の舌のようにゆらめいている。どてらを羽織ったビートたけしさんとちゃんちゃんこ姿のいしだあゆみさんが、ドラム缶に手をかざしながら、時々笑い声を上げていた。

だが、高倉健はいつもその中にはいない。

人の輪から離れて、一人で凍てつく冬の海を見ていることが多かった。

厳しい寒さの中での撮影が終わった夜、現場はようやく緊張感から解放された。大広間でご飯をかきこむスタッフたちの席から、少し離れた場所にテーブルが用意されていた。監督と主演俳優用の席らしく、浴衣姿の降旗監督が手酌で一人酒を飲んでいる。私たちは期待しながら健さんが来るのを待ったが、この夜は姿を見せなかった。

翌日は早朝からロケがはじまった。敦賀の天候はくるくる変わり、冷雨が吹きすさんだかと思えば天気雨になり、シーンのつなぎも難しいだろうと思われたが、監督は「これが敦賀の天気ですから、そのままつなげばいいんです」、そう言ってほっほっと笑った。

昼休みが近づいてきて、あとワンシーン撮ったら昼食だな、と思ったそのとき、猛烈な突風が吹きつけた。

高く組まれたその足場が、ぐわーんと音を立てて傾いていく。

現場の誰もが一瞬あ然としたそのときだった。そばにいた健さんが身体ごとあずけて足場を支え、それを見たスタッフもみな後につづいた。うぉーっという太い声が地吹雪のなかに響いた。

足場は倒れなかった。健さんは誰にも怪我のないことを確認すると、ほっとした表情を浮かべた。初めて目にする、演じていない健さんの表情の変化だった。

それを見て、見物にきていた老人がポツリとつぶやいた。

「健さんは、ニッポンの顔じゃけんの」

日本の顔――、映画俳優としてならいうまでもないことだ。しかし私は単にそれだけではない何かが、この人にはあるような気がしていた。

現場のスタッフたちはみな口を揃えて、「もう一度、あの人と仕事をしたい」と言う。それもお世辞ではなくて、本気でそう思うらしい。私はその理由を知りたかった。

それからというもの、私はペンとノートを手に健さんの後を追いつづけた。ロケ地となったアメリカ、ヨーロッパ、アフリカにも同行した。その合間に健さんがプライベートで出かける旅先を訪れ、接点のある人々の思いを聞いてみたりもした。

そこには健さんが何かを感じたであろう風景があり、彼らは惜しみなく「健さんとの思い出」を教えてくれた。そんな旅も四半世紀余り続いた。もちろん仕事としてだが、心中半ばは愉しんできた「ニッポンの顔」との貴重な時間をここに紡ぐことにする。

屋台コーヒーの思い出

健さんが大のコーヒー好きだったことはよく知られている。私が健さんからコーヒーのお誘いをいただいたのは、『夜叉』の敦賀ロケも終わりにさしかかったころだった。ロケの間、スタッフの衣装はみな黒ずくめだった。演じる俳優たちの邪魔にならないための映画屋たちの暗黙の約束ごとであり、その中で私はというと上から下まで黄色ずくめの取材着である。一週間も不慣れな現場をうろうろしていれば、いやでも健さんの目にも入らないはずがなかった。

取材も残りあと一日という日の夕方、宣伝部の人から「高倉さんがお茶でもいかがですか、とおっしゃっていますが、どうしますか」と声をかけられた。もちろん取材をするために敦賀までやって来た以上、千載一遇のチャンスを逃す手はない。

約束の時間、通された部屋のサイドテーブルには菓子や酒がたくさん並んでいた。気負いはあれど、いざとなると落ち着かないまま待っていると、ふすまの向こうに人の気配がした。ふすまが開くと、健さんが軽く会釈しながら入ってきた。鋭い視線のプロデューサーもその後につづいた。

「いつまで、こちらにいらっしゃるんですか？」。目の前に正座した健さんが訊く。

「明日、帰ります」と答えながら、すでに喉はカラカラだった。

「よろしければ、お酒もありますよ」。緊張をときほぐすような言葉に躊躇していると、「縁あった女性も、お酒が好きでしたから」と重ねられ、思わず「では、お言葉に甘えて」と返事をしていた。周りのスタッフが、健さんの前では禁煙禁酒を徹底しているということは後から知らされた。

健さんにはコーヒーが用意された。「撮影の合間にもよく飲まれていましたね。昔からコーヒーはお好きなのですか」と尋ねると、「ええ……」と言ってこう続けた。

「コーヒーは好きですね。僕が大学三年か四年のころだったかな、横浜の黄金町にコーヒーの屋台があって、米軍が一回使った出がらしのコーヒーの粉を使うんですが、それが本当に美味しかった。わざわざ東京から電車で行って、コーヒーを注文し、パンの耳のトーストを食べて帰ってくる。そのころはパンといっても重曹でふくらませたものしかなかったから、あの香りは強烈でした。ちょっとそれを嗅いだだけで『ワッ、これがアメリカだ！』と興奮していました」

その口調は、それまで現場で見てきた寡黙一辺倒のイメージとはずいぶん違い、とても意外だったが、あるいはこちらの緊張を見抜いていたせいかもしれない。

健さんは中学生のころ、アメリカへの憧れを抑えきれず故郷の若松港から密航をくわだてたことがあったという。その後、地元有数の進学高から貿易商を志して明治大学商学部に進んでいる。おそらく、一九五〇年前後の青春時代のひとこまである。なぜそれほどアメリカに憧れたのか、健さんはつづけて話してくれた。

少年時代、筑豊炭田を貫流する遠賀川《おんが》のほとり、香月町《かつき》で暮らしていた。「川筋」と呼ばれる土地柄で、健さんは日本一気が荒いといわれる「川筋男」のことを誇らしげに語った。折尾にある東筑中学（在学中に、旧制中学から新制高校へ切り替わる）に通っていた当時、勤労動員も経験している。石炭から液体燃料を作る工場で働き、コールタールで真っ黒になった顔や手を砂や苛性ソーダで洗い流す日々がつづいた。

健さんといえば、ハリウッド映画に出演できるほどの英語力だったことは映画関係者の間でよく知られている。その原点がこの頃で、米軍司令官の息子と仲良くなり、時々彼の家に泊まっては英語で話したという。その翌日はサンドイッチを弁当に持たされ、クラス全員に振舞い、「うまかね？」と得意がったそうだ。

もっと英語の勉強を、と弁当持参で映画館に行き、一日じゅう洋画を観た。健さんが好きな洋画の一本に挙げる『哀愁』（マービン・ルロイ監督、ヴィヴィアン・リー、ロバート・テイラー主演。運命に弄ばれた宿命的な二人の愛を描いた名作）も、この頃に観ている。土地柄、米兵と行き交う機会もあり、丸暗記をした英語で質問を繰り返したともいう。こうして英語に自信がついた頃、密航を企てたのだ。

健さんが初対面同様の私たちを前に思い出をたどりはじめたころ、プロデューサーは席を外した。そのスキに「一緒に写真を撮ってもいいですか」と頼んだ。取材者というより私は一人のファンのようになっていた。カメラマンはすでにカメラをかまえ、私は健さんと壁側に並んで満面の笑みをこしらえた。

健さんにとっては短いコーヒーブレイクでも、私にとってはフリーライターとしての初仕事で、思いがけないボーナスをもらったようなものである。その興奮が伝わってくるモノクロの写真は、今も私の部屋の一等席に置かれている。

都わすれに落ちた涙

「健さんはニッポンの顔」という老人の言葉を耳にした敦賀から、映画『夜叉』のロケ隊は東京砧《きぬた》にある撮影所に戻り、高速道路の高架下で最後の撮影がおこなわれた。

その日はクライマックスを撮影するということで、健さんを中心とした大立ち回りに備える現場には、一様にピリピリした空気が張りつめていた。今でも鮮やかに覚えているのはド派手なネオンが輝く中、健さんがヤクザを相手に顔も身体も血まみれになって闘うシーンである。

ロケは深夜遅くまで続き、現場スタッフの吐く息が照明に白く浮かび上がる。このときの健さんの立ち回りには、ふだんにも増して鬼気迫るものがあり、私は「見た者は身も心も石になる」というギリシャ神話の怪物メデューサの話を思い出したほどだった。

「ハイ、お疲れさまでした」。午前二時過ぎ、降旗監督の飄々《ひょうひょう》としたいつもの調子のその声で我に返ると、同時に拍手がわき起こり、照明がいっせいに落とされた。大きなライトが一つ、ボンという音を立ててともされ、その真ん中で健さんが手ぬぐいで血のりをぬぐいながら、見事な花束を次々に受け取っている。

なるほど映画の撮影というのはこういうふうに締めくくられるのか、それにしても健さん、神々しくて、軽々しく近くに寄れない、そんなことを考えながら私はだんだん気まずくなってきていた。手に持った小さな花束が理由である。

撮影が終われば会うこともないだろうから、最後にきちんとお礼を言おうと考えた。健さんが好きだという都わすれは、都内の花屋を片っ端から探してようやく手に入れたものだ。しかし、季節はずれとあって花こそ健気に咲いているが、贈り物としてはあまりに小さい。一様に豪華な他の花束と見比べて、差し出すのがためらわれた。

そうこうしているうちにセレモニーが終わり、人が減りはじめた。私は勇気をふるって健さんに近づき、ようやく「ありがとうございました」とだけ言った。

敦賀から始まり、東京でも何度となくセットにお邪魔させてもらったこと、それとなく取材の場を作ってくれたことに感謝の気持ちを伝えたかったのだが、いざ面と向かうと出てきた言葉はたったそれだけである。

驚いたのは、血のりのついた手ぬぐいを首から下げたまま、小さな花束をじっと見つめる健さんの眼に突然、涙が浮かんだことだ。気づいたのはおそらく私とすぐ後ろにいたカメラマンだけだろう。

すでに時刻は午前三時を回り、「ニッポンの顔」といわれる俳優を相手に初仕事を終えた私は、身体の芯からぐったりしていた。荷物置き場に戻るとすでに照明は落とされ、手元の整理もおぼつかない。撮影隊のトラックは次々に現場を引きあげていく。

そのとき、近づいてくる人影があった。

「花をありがとう。今度またどこかの雑誌で取材してください」

都わすれを手にした健さんだった。

〝終の棲家〟をさがして

敦賀から始まった『夜叉』同行取材の記事は、男性誌『平凡パンチ』(マガジンハウス)に掲載された。その合間を縫って私は、健さんが約束してくれた「別の取材」の話を記事にしてもらうべく奔走していた。しかし当時は若者をターゲットにする雑誌が増えていて、そのひとつ『with《ウィズ》』(講談社)の編集長は、めったにマスコミの取材を受けない「高倉健」をどうあつかっていいものか、見当がつかないふうだった。

手をこまねいているようすが電話口から伝わってくる。それでも打ち合わせの日時をすぐに決めてくれた編集長は、「取材予算とギャラは、どのくらい用意すればいいですか?」と訊ねた。私が健さんの事務所に問い合わせると、返事はこうだった。

「取材は少人数という希望ですので、高倉自身が車を運転します。そこに取材のお二人が乗っていただければ、と高倉が申しております。取材費はこちらですべて持ちます。お礼も特には要りません」

あれだけ名のある俳優のこと、生半可な謝礼では話にならないかも、と思っていただけに意外な答えに拍子抜けした。

一九八〇年代半ば、まだ携帯電話などなかったころである。どういうふうに健さんと連絡を取ったのかも忘れてしまったが、おそらく健さんの事務所を介していたのだろう。場所は南伊豆のペンションで日程は二泊三日、移動は健さんの車、同行者はカメラマンと私、費用はすべて向こう持ち、という普通では考えられない取材条件だけははっきり覚えている。

キツネにつままれたような感じだったが、とにかくこちらにも万全の用意があることを伝えて成り行きにしたがうことにした。

「取材」に出発したのは午前十時頃。当時、乃木坂にあった私の事務所でカメラマンと一緒にそわそわしながら待っていると、約束の時刻ちょうどに玄関のチャイムが鳴った。部屋の中まで入って来てくれた健さんは「荷物はこれですか」と言いながら、さりげなく重い撮影機材の詰まったカメラバッグを担いで車へ運びいれた。恐縮しきりのカメラマンがそそくさと後部座席に入ってしまったことで、私は緊張しながら助手席に座ることになった。

「用意はいいですか。それでは出発します」

少ししゃがれた声を合図にして健さんがアクセルをふんだ。南伊豆まで、どこを通ってどれぐらいの時間で着くのかも知らない二人を乗客に、健さんは雰囲気を和ませるかのように、かつて大ヒットした「網走番外地」を低く歌っていた。

黒いサングラスに、ピンクのポロシャツ、黄色いウィンドブレーカー、そしてストーンウォッシュのジーンズ。どれも着慣れていて心地よさげだった。車内で何を話したのか、はっきりとは思い出せない。大きな存在のあまりの身近さに戸惑い、緊張していたことだけは確かではある。

ハンドルを握る大きな手に見入っていると、健さんがこう呟いた。

「いつかマッサージのおばさんが僕の手を触って、ボロの軍手だと言ったことがありましたねえ」

途中、休憩で二度ばかりパーキングエリアに入った。野球帽を目深にかぶり、サングラスをかけていても、車から降りて歩く大柄な姿はやはり目立つ。周りの人たちが、

「あっ、高倉健だ」と次々に驚きの声をあげるのが分かった。ややうつむき加減にして戻ってきた健さんがつぶやいた。

「誰にも気づかれなかったみたいだ」

こんなこともあろうかと用意した手作り弁当もあったが、空腹を感じるころには車はすでに伊豆半島を南下しはじめていた。

「あともう少し。海を見ながら行きましょう」、健さんはそう言うと、山あいの道より遠回りになる海岸線にハンドルを切った。結局、何も口にしないまま五時間ほどで目的地に到着した。椰子の木が立ち並び、青と白のパラソルが点在する浜辺に着くと、小麦色に日焼けした女性が姿を見せた。お世話になるペンションのKさんだった。

「お元気でしたか。いつものお部屋を用意しましたから、荷物を入れてください」

Kさんの迎え方は常連の人となりを知りつくしたさっぱりしたもので、よけいな手厚さがないぶん心地よかった。

「今日のお客さんはこの二人ですから、僕の部屋とチェンジしてください」

見晴らしのいいテラスがついた二階が私たち、健さんの部屋はその真下となった。何ともおそれ多い思いで部屋の扉を開けると、目の前に白い砂浜と真っ蒼な海が広がっていた。思わず窓を開けて潮風を吸いこんでいると階下から健さんの声がした。

「今日は撮影ありますか?」

「車の運転でお疲れでしょうから、撮影は明日の午前中からにします」と言うと、「了解です。では夕食を楽しみに」と健さんはほがらかに言った。その日の夕食は、採れたての地元の幸で、ベジタリアン料理が丁寧に作られていた。このときはじめて、食に関する健さんの健康への気遣いを知った。食後のコーヒーはローストの香りがよく効いていた。

このとき健さんは『南極物語』(一九八三年)の撮影にあたって、断酒ならぬ「断コーヒー」をした思い出を話してくれた。

「北極ロケに入る前、好きなコーヒーを断つ、と何気なく口にしてしまいましてね。映画が完成して、劇場挨拶に行った松山の喫茶店で飲んだコーヒーはじつに二年ぶりでした。思わず、涙があふれてしまって……あのときこみあげてきたものは、何だったんでしょうね」

それほどの思いでロケにのぞんだのには理由があったが、このときは見当もつかなかった。波音に心地よいジャズハモニカの音が重なった。

「さあ、今晩は飲むか」

気分を変えるような健さんの言葉で、取材の場は気兼ねのない席へと移った。もっともアルコールを飲むのは私たちだけで、健さんは東京のホテルで買ってきたケーキをほおばり、あらためてコーヒーを味わいながらこんな話をしてくれた。

「将来、北海道に土地を買って牧場をやりたいと思っていましてね。今、五百万坪の土地を買おうかどうか検討中で、そうなれば馬はアラブまで買い付けに行く。冬になったらお客さんを犬ゾリで迎えに行き、部屋には暖炉が燃えている。そうやっていつも客人を迎えてあげる。いつか、そんな暮らしがしたいんです」

「そこに健さんを迎えてくれる人はいないのですか？」。失礼かもしれないと思ったが、多少の酔いも手伝ってそう尋ねると、

「今は想像できません。僕は人に何かしてもらうより、何かしてあげるほうが落ち着く性分なのかもしれません。じつは犬ゾリはもうあるんです。『南極物語』のロケのときに北極で買ってきて、北海道にいる友人に手入れしてもらっています」

初めて耳にする健さんの晩年のプランだった。そうした考えを持つようになったのは、そのロケで北極に滞在したとき、ベースキャンプの世話をしていたインド人から聞かさ

れた厳寒の暮らしぶりに共感してからだという。

その後、私は取材でお供したニューヨーク、ロサンゼルス、トスカーナ、ノルマンディでも売り出し中の物件、つまり〝終の棲家〟探しをする健さんの姿を目にすることになった。

本当の贅沢ということ

健さんは一九八八年公開の『海へ－See you－』に出演することになった。男たちが究極のロマンを求めて挑むパリ・ダカールラリー（通称パリダカ）がその舞台である。元日の朝にパリをスタートしてスペインのバルセロナからアフリカに渡り、二十二日間かけてサハラ砂漠を横断、大西洋側のセネガルの首都ダカールまで――世界一過酷といわれるこの自動車レースを蔵原惟繕監督のメガホン、倉本聰氏による脚本で映画にするというのだ。

健さんは、パリダカに参加する日本のチームを完走させる「メカの神様」と呼ばれるエンジニア役で、海外を中心に四ヶ月の長期ロケが組まれる予定になっていた。

私はその話を聞いて、そのロケ地をすべて訪ねてみようと考えた。さっそく映画会社に出向いて台本をもらったが、イタリア、フランス、スペインからアフリカ、そしてアラスカ（最終的にはフィンランドに変更された）へと転戦するハードスケジュールで、ロケ隊を追いかけるにはいくら取材費がかかるのか、まったく見当がつかない。

しかもカメラマンも含めて二名分が必要で、行き先をイタリア、チュニジア、フランスに絞り、飛行機は格安チケット、ホテルは一応カギがかかればどこでもいい、ということにした。撮影も佳境を過ぎた頃、映画会社の記者団招待取材ツアーも組まれ、それにも便乗することで、しめて二百万円弱。けして安い出費ではなかった。

しかし、自腹という意気込みを買ってくれたのか、製作側の人たちが取材に様々な便宜を図ってくれたのがありがたかった。撮影が一段落した合間のインタビューでは、健さんがくつろげるような場所探しまで手伝ってくれた。

そのひとつがイタリア、ジェノバに近い小さな町ポルトフィーノである。世界中のヨットマンが集う港町で、インタビューはジェノバでの撮影の合間、ふたたびロケ隊がチュニジアへ移動する前に行われた。

港の栈橋近くにある小さなバールで、他に客は品のいいセーターを着た老夫婦しかいない。健さんはサングラスをかけたまま海を眺めていたが、店の人がコーヒーを運んで来ると、サングラスを外して「グラッィエ」と笑顔を返した。

一方で私は馴染まぬシチュエーションに舞い上がっていた。何をどう質問したらいいか、困った表情がありありだったのだろう。それを察した健さんはのんびりした口調で話しはじめた。今度の映画について、というより、世間話でもしているふうである。

「ここでお茶を飲んでいる人たちは、本当の贅沢を知っているんだろうね。たぶんパリダカもこういう人たちが作り上げてきたものなんだと思う。出場者は何百万フランもの大金を払った上に怪我をしたり、どうかすると命まで落としたりする。本来は男たちの戦争ごっこみたいなものだったんでしょうね。最近は企業のサポートが大きくなりすぎてしまった感がありますね」

健さんの車好きは有名な話で、ある自動車メーカーのアドバイザーをしていたこともあるという。

「僕はパリのモーターショーにも何度か行きました。ポルシェは誰でも知っていて、男なら一度は乗ってみたい車です。この二年間、生産台数は年間わずか五万台だそうですけど、その限られた台数に〝世界のポルシェ〟を自分たちが作っているんだという姿勢が見えます。

どんなものでもそうですが、金もうけだけを目的に大量生産すると、確実に何かが失せていく。レストランでもテーブル数が十と百とでは、まるで雰囲気が違ってきます。チームワークが欠け、同じ材料と同じ味付けで作ったつもりでもまったく違う料理になってしまう。何でも、ほどのよさというのが大事なんでしょうね」

近くに見える教会の鐘が鳴り、しばしその音色に浸るように眼を閉じた健さんの足元に、犬が近寄ってきた。健さんは眼を開け、自分の飼い犬ででもあるかのようにその真っ黒な頭をなでた。取材者にとっての贅沢とは、こういう場にいられることかもしれない、と私は考えていた。

「十年以上も前でした。CMの仕事で南仏のコート・ダジュールへ行ったとき、ニースに気に入ったレストランがありました。『ル・ベック・ルージュ』、赤いくちばし、というのが店の名で、居心地が良くて毎晩のように通いました。オーナーと客のインスタントでない関係が気に入ってね。あ、いいな、ここに浸っていたい、そう思えることがどんな世界でも大事です。世の中で本物として残れるかどうかは、そういうことを大事にしているかどうか次第だと思います」

ポルトフィーノは人口わずか数百人の港町だが、エルメス、ルイ・ヴィトン、カルテイエなど高級ブランドショップが軒を並べている。

「パリでは買い物をする日本人を大勢見ました。人間、ある程度お金があると何となく落ち着いてしまうところがありますが、それでいて自分を活性化したいと願ったりする。でも、人間ちょっとやそっとで変われないし、本当に変わるためには、お金や時間だけでなく他人の何倍も自分にトレーニングを課さなければなりません。

僕は人に見られることで成り立つ職業、たとえばボクシングや闘牛を海外でよく観るんです。プロボクサーは自分が強いという自信を持つために、他の人の何百倍、何千倍も肉体と精神を鍛えます。ロードワークを人が寝ている早朝や夜中にやるのは、自分を活性化する一つの手段なんだと思う。百日、二百日とそれをつづけていくと、やらない人間との差は歴然と広がる。そしてあるとき、パッと見えるものがある。お金でもモノでもない、もっと大切な何か。ボキャブラリーが少ない僕には、うまく表現できませんけどね……」

健さんは高校時代にボクシングにのめりこみ、フェザー級の選手として活躍していた。闘牛のことも自身の著書の中で、「見てる人に感動してもらう俳優という仕事は、闘牛に原点があるような気がとってもする」と書いている。

遠くで指笛が聞こえ、耳をさっと立てた黒い犬は飼い主のほうへ走っていった。

「イタリアに来る前、アフリカの砂漠でこんなことがありました。僕らが休憩しているそばに、これから旅立つ家族がラクダを六頭引いていた。一頭目に夫がまたがり、他のラクダの背には荷物がびっしり載せられている。でも二十歳そこそこぐらいの妻は腰袋に赤ん坊をくるんで、ラクダに乗らず歩き出しました。じっと見ていると、その妻がこちらを振り返ってにっこり笑うんです。振り返ろうともせず地平線を目指していく夫と、何も疑わずついていく幸せそうな若妻。映画『モロッコ』のラスト、女性がハイヒールを脱ぎ捨てて素足で恋人を追いかける、あの光景を思い出しました。何を信じて、どこへ行くのか……男と女の原点、現代人が失ってしまった大切な何かを砂漠に生きる人たちはしっかり持っている、そう強烈に感じました」

風が冷たく感じられるようになっても、健さんはなお立ち去りがたいように港の石畳をゆっくり歩きはじめた。

「こんな港にヨットを浮かべて、一日中、好きな本を読んでいたい。昼どきになれば飯を食いにだけ海から上がってくる。いつか、そんな暮らしがしたいんです」

この十数年後、健さんは一級小型船舶操縦士の免許を取った。沖縄の海で波にもまれながら船酔いにも耐え、合格したのだそうだ。神奈川県内のとある港に係留したボートから、昼どきになると陸に上がってくる健さんの姿が目撃されるようになったのはそれからのことだった。

女性は買い物を、お母さんにはお土産を

『海へ』のロケはパリ、バルセロナ、サハラ砂漠、ダカール、そしてジェノバへと進んでいった。私にとって最初の取材地となったジェノバでは、一週間ほどのロケが予定されていた。このときの健さんへのインタビューは『DIME』（小学館）に掲載されたが、記事ではふれなかったエピソードをここで紹介する。

ジェノバに入った日のことだ。ホテルで荷を解いていると映画会社宣伝部のMさんから、「そろそろ健さんと合流しますが、夕食がまだでしたら、ご一緒しませんか」と電話が入った。

午後八時過ぎ、長旅と初めて訪れる町への気疲れから、夕食のことも忘れていた。せっかくのお誘いを断るはずもなく、「お願いします、ぜひ」と私は即答した。

ホテルの前にいると大きな車が横づけされ、健さんが奥のほうから、「お久しぶりです。遠くまでごくろうさま」。そう言って、大きな右手を額に当てて敬礼をして見せた。

到着したレストランはZという老舗店だった。健さんが好んで座る、店全体が見渡せる窓際の奥の席へ通された。大きなテーブルには通訳、スタッフらしい先客が数人いた。新顔のカメラマンと私に自然と視線が集まる。Mさんが一通り紹介してくれ、挨拶ごとが終わるのを待って給仕係が主賓の健さんにコースの説明をはじめた。

健さんは相手の言葉を正確に聞くためか、大きな耳の上部をつまんで相手の口元を見つめる。ときどき、スィ（はい）と相槌を打ちながら聞き終わると、前菜にポルチーニ茸のオムレツと鴨のテリーヌ、一番目の皿に「（昨日も食べた）リングイネとペペロンチーノ」。二番目の皿に子牛のピッカティーナ、デザートはとらずエスプレッソ、という具合にてきぱき選んだ。最後に「みなさんはお好きなものを」と言うと、他の人もみな「同じものを」と言うのが少しおかしかった。

シャンパンで始まったディナーの話題はもっぱらバーゲンだった。話の中心は常に健さんで、その言葉に周りの人たちがいちいち相槌を打つ。それを見ながら健さんは、「撮影が終わったら、ぜひバーゲンに行くといい」、私に向かって念押しするように言う。

食後酒のグラッパがほどよく効いた私は、「いえ、まだ勤務中ですから、バーゲンは行けないでしょう」とちぐはぐな受け答えをしていた。

二時間ほどのディナーが終わって帰りぎわ、健さんに「いつまでいるの？」と訊かれ、「撮影が終わるまでは、ここにいるつもりです」と答えると、「では、ここにいる間にお茶でもしましょう」とまたもありがたい約束をいただいた。

数日後、明日にはロケ隊はふたたびアフリカに戻るというとき、部屋で取材メモを整理していると健さんから電話があった。

「今からお茶へ行きます。ホテルの前にいてください」

一分でも長く話を聞いて、一枚でも多く原稿にしたいという私の希望を、映画会社がサポートしてくれたのかもしれない。

町はバーゲンの季節だがウィークデイとあって観光客は少なく、健さんお気に入りのバールも空いていた。店の人は健さんの顔を見るなり、にっこり笑って〝いつも〟の席へと案内した。滞在中、この店に何度も来たことがうかがい知れた。

私は椅子にかけるや、仕事の予定を話した。

「ここから一度日本へ戻り、今回うかがった話を原稿にまとめます。それからパリ、チユニジアへ渡りますので、できればそこでもお話をうかがって、また日本へ戻ります。もしよろしければ、どこかの時点で原稿のチェックを――」

「なら、最後のロケ地がいいね。アラスカだけど」

頭の中で広げた世界地図で、アラスカはどうにも遠く思われたが口には出せない。

「撮影隊をジェノバでお見送りした後、日本へ帰る前に、健さんが『浸っていたい』と言われていたニースのレストランを見てきます」

健さんはちょっと驚いたようだった。

「いい旅をするねえ」

「健さんこそ、撮影で色々な国へ行けるじゃないですか」

「今度のロケではパリダカのコースにあたるニジェールにも行ったけれど、まったくひどいテント生活だったよ。ホテルなんて気のきいたものはないし、シャワーさえない。でもそこで監督が朝日をバックに撮りたい、といえば僕らは、朝早く起きてしたがうしかないんですよ。僕らの仕事はすべて監督の意思で動くせいか、ひとつ仕事が終わると自分の勝手なリズムで動きたくなる。そうなると予定を立てるのも嫌で、といって人に予定を入れられるとまた反抗する」

俳優という仕事の厳しさを、自分から口にするのを聞いたのは初めてだった。砂漠での長期ロケで、思うところも色々あったのだろうか。

このロケに入る前年、「健さん、エイズでパリの病院に入院中」「死亡？」という怪情報が流れたことがあった。死亡説の震源地が兜町だったとかで、エイズの新薬開発にからんで株価操作を狙ったものだとも噂された。

「あのときはラスベガスにいてボクシングを観ていたんですが、驚きました。あんなデマを流されると、当人が傷つくだけでなく家族や友人たちがどれほど心配するか……。じつはあれ以来、マスコミへの不信感が強くなりました。きちんと調べればデマだとわかるのに、金になるなら何でもネタにするのか、そう思いました」

いかに有名俳優であろうと、仕事を離れたときには自分もただ一人の人間――いらだちの中に本音がのぞく強い口調だった。私自身、マスコミの周辺にいる者として、そのことはあらためて肝に銘じざるを得なかった。

コーヒーを飲み終えると、健さんは白い封筒を私に差し出した。あけてみると、中には新札のドル紙幣が束で入っていた。

「今、ジェノバはバーゲン中。女性は買い物をしなきゃいけないよ。そしてお母さんにも何か、お土産を買ってあげてください」

母と暮らしていることをいつ話したのかも思い当たらず、私はうろたえた。

「ではお言葉に甘えてお借りします。東京に戻ったらお返しします」

「何をおっしゃいますか。人に知れたらかえって困りますから、返さないでください」

返す言葉がなかった。

一言だけの日記

映画『海へ』ロケ中の健さんへの取材は順調だった。残るアラスカでのロケ情報を待っていると、映画会社から「事情があって、アラスカではなくフィンランドに変更になりました。もうしわけありませんが、来られますか」という連絡が入った。

健さんとの約束でもあり、原稿のチェックだけとはいえ、ここまできて行かないのでは自分も納得できない。「もちろん、行きます」と即答してから、実際に地図を広げてみる。フィンランドは、日本からだとアラスカとはまるで逆方向。ただ、ヨーロッパとの往復がつづいていたこともあり、極北アラスカより北欧フィンランドのほうが少しだけ気楽に思えた。

一週間後、パリを経由してフィンランドの空港に着くと、ロビーにはトレンチコート姿の池部良さんが立っていた。池部さんは文筆家としても知られるが、健さんと共演した『昭和残侠伝』シリーズ（一九六五〜七二年）では、義理に命を賭ける渡世人「風間重吉」で知られている。その池部さんが、コートのポケットから何かをとり出した。

「やるよ。パリ経由で日本へ帰るから、もう必要ない」

二十枚ばかりのコインだった。池部さんの親切を私は有難く思った。

帰国した後、私が構成台本を手がけるテレビ番組に池部さんが出演されたことがあった。その打ち合わせでお会いした折にコインのお礼を言うと、今度は麻布十番で有名な鯛焼きを買ってくれた。男っぽい「渡世人」から鯛焼きをご馳走になるというのもまたおかしかった。

話をもとに戻すと、フィンランドで池部さんを見送ったあと、映画会社の車でロケ隊がいるロバニエミへ向かった。「サンタクロースが住む村」があり、日本でもよく知られている。

到着してみると辺り一面が大雪原で、ロッジから健さんが迎えに出てくるのが見えた。

「一人でよく来られたね。みんなで心配していたところだよ」

このころになるとスタッフともだいぶ顔見知りになっていた。フランス人通訳のPさん、メイクのTさん、小道具のIさん、衣装のMさん——どの顔にも疲労がにじんでいた。このロケがすめば日本へ帰れる、と思ってはいるのだろうが、あえて誰も口には出さず、最後の現場で黙々と働いていた。トナカイが荷物を運ぶシーンでは、あまりの雪深さに難渋するソリを後ろから押すのを私も手伝った。

数日後、撮影はすべて終了し、ロケ隊は潮が引くようにフィンランドを去っていく。空港では数ヶ月の長期ロケがやっと終わったという安堵と、解散への寂しさがいりまじっていた。気がつくとTさんがハンカチを目にあてている。浮わついたところのない、今どきめずらしいほど職人気質の女性だから、ちょっと不思議だった。

彼女が健さん付きの通訳Pさんと結婚し、パリで暮らしはじめたということは後日知らされた。つまり、惜別の涙だったということだろう。

さてパリに戻ってから、あらためて健さんにインタビューの時間をもらった。場所はパリ有数の高級ホテル。ホテルマン全員の「あなたの好みは承知しています」とでもいいたげな振るまいに、長い旅路で汚れたスニーカーをはいた私はふわふわの絨毯に沈みこむ。

日当たりがいい、バラの香りがあふれる中庭のテーブルに案内されながら、私はどうも居心地が悪かった。

席に着くと、健さんが深紅の小箱を手渡してくれた。戸惑いながら急いでふたを開けると、中には高級腕時計が入っていた。バンドも手首ぴったりに調整されている。

「何度も来てもらったお礼です。女性は日付のないものがいいだろうと思って探したんだけど、なかなかなくてね」

文字盤に日付パーツがないほうが上品ということのようだった。

ちなみに健さんは、共演者によく時計をプレゼントすることで知られているが、私はそれから何を飲み、何を話したのか、ほとんど記憶がない。予想外のプレゼントに舞い上がってしまい、貴重なインタビュー時間を棒に振ってしまったのである。

*

翌日、日本への帰国便が同じで、空港で待ち合わせた。ただし、スタッフはともかく健さんはファーストクラス。もちろん私はエコノミーである。搭乗手続きの時間がちがうため、空いている列を選んで私がチェックインしようとすると、「ちょっと待ちなさい！」とおばさんのフランス語がとんだ。

どうやら列を間違えてしまったらしい。長蛇の列のエコノミーではなく、ファーストクラスの列に並んだのが癇にさわったのだ。ベルトコンベアで向こう側へ消えていく私の荷物を指差しながら、おばさんはしばらくの間わめきつづけていた。

「もし、あのおばさんが隣の席だったらどうしよう」。搭乗前、コーヒーを飲んでいる健さんに思わずこぼした。健さんたちは塔乗も最後の方らしく、私だけが先に席を立った。まもなく離陸という時間になり、周りをみたが近くにあのおばさんの姿はなく、ようやく私はほっとした。

食事のあと三十分ほどで消灯時間になった。疲れのせいか、すぐに眠りに落ちたが、エコノミー席の狭苦しさに目を覚ますと、乗務員に、「あちらでお呼びです」と言われた。ついて行くと、ファーストクラスの健さんの席だった。消灯後、健さんはわざわざ私の席へ来て、「あのおばさん」がいないかどうか確かめてくれたそうだ。

ファーストクラスの座席には薔薇の花が一本挿してあり、ブランケットも上質そうだった。感心しながら一つずつチェックしていると、エルメスの小さな手帳に気がついた。

「これもサービスですか」

「いや、これは僕の日記」

「日記にしては小さすぎませんか」

「その日に感じたこと、一言だけ書くんです。辛いことがあったら『辛い』と書く。説明はなくても、数年たってその文字を見ただけで、どんな嫌なことがあったか鮮明に思い出すんですよ」

開いて見せてくれた日記のページに、太い文字で何かが綴られている。まじまじ見ようとしたが、すぐに閉じられてしまった。やがて健さんは身の回りの品々を整理しはじめた。私はファーストクラスの雰囲気を三十分ほど愉しんでから、自分の席へと戻った。取材旅行の途上、くりかえしいただいた健さんの気づかいを思い返しながら。

ペリカンの矜持

話はやや前後するが、北アフリカはチュニジアの砂漠で行われた『海へ』のロケには、映画会社の取材ツアーが組まれ、日本からマスコミがたくさん来ていた。初日はパリ市内観光、二日目はチュニジア観光、最後に撮影現場のサハラ砂漠へ向かう。私はそのコースを離れて、ロケがはじまる前に一足早く現場に到着した。熱砂が吹き荒れる砂漠で準備をするスタッフたちを見ることができたのは、ちょっとした収穫だった。

やがて健さんも現場に到着し、撮影がはじまった。しかし、肉声が聞こえる距離まで近づくことは許されず、記者団を乗せた車はサファリパークを走るバスみたいに、ロケを遠巻きに眺めるだけである。はるばるアフリカまでやって来た取材陣も、望遠レンズで「健さんがコーヒーを飲んでる」とか、「何か持ってる。カメラでこっちを撮ってるみたいだ」などと言い合うくらいしかできなかった。

しばらくたってやっとバスの外に出ることを許可されたが、にわかにあたりが暗くなり、砂漠の地平線に黒い雷雲が広がった。「数分でスコールが来るので、今日はこれで取材を終了させてもらいます」という宣伝部の知らせ。記者団は急いでホテルに戻ったが、ロケ隊は猛烈なスコールに巻き込まれてしまったそうだ。

私たち記者が泊まるホテルの横にはしゃれたホテルが建っていて、そこが主演クラスの俳優たちの宿泊先になっていた。ただ、出される食事はほぼ同じで、アフリカ料理のクスクス、それと度数の高いお酒などが用意された。健さんは体調管理のため、旅先では火を通した中華料理が中心と聞いていたが、ここではそんな気のきいたものは期待できそうもなかった。

翌日、挨拶に出向いた私を見るなり健さんは、「ラーメン、食べましたか?」と唐突に言う。

「スタッフが日本から一個千円のインスタントラーメンを持ってきているから、食べてみたらいいよ。初めて食べたけど、おいしかった」

「そのラーメンはずいぶん貴重品ですから、健さん以外はまず口にしません」、宣伝部の人が私に小声でささやく。結局、ラーメンは遠慮させていただいた。

取材二日目は、ロケ現場での立ち入り規制が幾分やわらいだ。撮影の合間、ヘッドホンで何かを聴いている健さんに、ある記者が「何をお聴きですか？」とたずねると、健さんは「（中森）明菜ちゃんの『難破船』です」と答えた。

ようやく健さんの肉声を聞くことができた記者たちは一斉にそれをメモし、後日、スポーツ紙には「健さん『難破船』を聴く」という見出しが並ぶことになった。

もっともその何年か後でその話をすると、健さんは「そんなことあったね。でもじつは記者の人たちに囲まれていたときは、まったく別の曲を聴いていたんだよ」と笑った。

健さんの部屋にも、スタッフルームにも、必ずと言っていいほど音楽が流されている。ほとんどは健さんが用意するのだが、私もCDを交換する機会があった。迷いながらも井上陽水のアルバムをかけた。「とまどうペリカン」が流れ、ペリカンがライオンに想いを打ち明ける切々とした歌を聴きながら、健さんは「素晴らしい詞だな」と言った。

その後、私も取材の合間に何回となく聴いてみたが、健さんを追いかけ、その言葉を原稿にする自分もまたライオンを追いかけるペリカンかもしれない、と思った。

さて苦心の末に何とかまとめた原稿だったが、土壇場で「待った」がかかった。最終校了の原稿を編集部に送ってから間もなく、『Ｈａｎａｋｏ』（マガジンハウス）の編集長から電話が入ったのだ。

「原稿を読ませてもらいました。実に面白い内容です。今になってなんですけど、明日校了にしたいので、高倉さんご自身から電話をいただけたらと思うのですが」

はじめは真意がわからずとまどったが、どうやら「本当に高倉健から許可をもらっているのでしょうか」ということらしい。編集部として責任があるので、高倉健の名前で掲載する以上、本人からじかに「これでＯＫです」という了承を取りつけたいという話だった。

「創刊号から責任のあいまいな原稿を載せたくない」という編集長の考えもよく理解できた。ただ、それでは私を信頼して起用してくれた編集者の顔がつぶれてしまうのではないか。迷いながらも私は健さんのオフィスに電話をかけ、「お話ししたいことがあるので、電話をくださいますようお伝えください」と伝えた。

健さんはすぐに電話をくれた。ことの次第をすべて話しおえると、健さんは短くこう言った。

「一緒に仕事をする仲間を信じることができない人とは、仕事をすべきではない」

それだけ言うと電話は切れた。

その通りではあるのだが、どう話したものかしばらく考えてから、私は腹をくくって編集長に「今回の仕事は降ります」と伝えた。「原稿は返してください」と重ねると、編集長は一瞬声を詰まらせてから、「わかりました。原稿はこのまま掲載します」と言った。

結果を健さんに伝えるには、もう遅い時間だった。私は急いで手紙にいきさつをしたため、ポストに投函した。結局もとに戻ったわけだが、この一件で「プロの仕事」について、大事なことを教えてもらったような気がした。

一緒に仕事をする仲間を信じること。

仕事を発注する側も受ける側も、対等な関係であること。

仕事はいつでも断れる姿勢でかかれ、卑屈になるな、ということを。

任侠肌の思いやり

一九八九年、日米合作映画『ブラック・レイン』が公開された。この前年、健さんに大阪でのロケを取材させてほしいと手紙を送ったが、返信には短くこう書かれていた。

「現在、昼夜逆転で夜中に撮影しています。しばらくは時間と気持ちに余裕がありません。ご連絡しますので、しばらくお待ちください。 高倉健」

ニューヨーク市警殺人課の刑事ニック（マイケル・ダグラス）が犯人（松田優作）を大阪府警に護送する際、空港での引き渡しに失敗。府警の警部補（高倉健）とともに、犯人の身柄確保に昼も夜もなく奔走する、という映画。

健さん演じる警部補は、独走気味のニックを「ここはニューヨークじゃない。日本のやり方がある。チームプレイを重んじてくれ」といさめる。若手刑事（アンディ・ガルシア）と酒を酌み交わし、レイ・チャールズをデュエットするシーンは、若かりし頃の『網走番外地』（一九六五年）の二枚目半を思い出させてもくれる。

映画の大半はアメリカで撮影されたが、クライマックスの撮影は大阪ミナミの繁華街でおこなわれた。撮影は真夜中にスタート、従業員や店の客、ネオンまでも営業時間帯と同じようにセットされた。

リドリー・スコット監督の完璧主義は相当なもので、『ブラック・レイン』のパンフレットにこう記してある。

「『ブレードランナー』に代表されるごとく、人物が押し出されかねないほどに、画面いっぱいに雑多なものをギュウギュウと詰め込み、そこから不吉や不安感と、あふれ出さんばかりの緊張感を創り出そうとしているところに特長がある」

『ブレードランナー』は一九八二年公開のアメリカ映画。SF映画の金字塔と評され、アメリカ国立フィルム登録簿に永久保存登録された作品である。

ロケはこの言葉のままに実践されたようで、そのハードさはマスコミでもちょっとした話題になっていた。健さんも大阪ロケのほかにアメリカへ渡り、ニューヨーク、ロサンゼルス、ナパでの撮影にも参加している。

結局、大阪ロケでの取材はできなかったが、手紙が来てから半年を過ぎたころ、ようやく健さんから取材ＯＫという連絡があった。『ブラック・レイン』の公開を控え、健さんはすでに次回作『あ・うん』（一九八九年）の撮影にのぞんでいた。気持ちは今取り組んでいる映画に集中しているようで、伊豆修善寺で久しぶりに見る健さんは、トレードマークの角刈りから七三分けのサラリーマンカットに変わっていた。

「（『ブラック・レイン』の）大阪では毎日働いている時間がとても長く感じられ、六年前の『南極物語』と同じくらい、肉体も精神も疲れはてた。楽な仕事などないのだな、とあらためてそう思いました」

向田邦子原作の『あ・うん』はそれまで何度かテレビドラマ化されていたが、映画になるのは初めてだった。ヘアスタイルは降旗監督の指示によるものだった。

「『ブラック・レイン』の撮影が終わって帰国するという話を聞いたので、健さん行きつけの床屋さんに『髪を切らないでほしい。理由は僕が話すから』とお願いした。で、いよいよ日本へ帰って髪をさっぱり刈ろうとする健さんに、『今度の映画は、七三のスタイルでいきたい』と話しました。最初は相当、抵抗があったようです」（降旗監督）

ともあれサラリーマンカットの健さんの役柄は、中小企業の社長・門倉修造。真面目なサラリーマン水田仙吉（板東英二）とは二十年来の付き合いで、地方での勤務から三年半ぶりに水田が東京に戻ることになり、門倉は家探しから掃除まで面倒を見る。そこには男同士の友情もあるが、水田の妻への秘めた思いもあってのことだった。

水田の妻を演じる富司純子さんは、藤純子の名で、一九六八年『緋牡丹博徒』で任俠映画ファンから喝采を浴びた。通り名を〝緋牡丹のお竜〟。以後、『女渡世人』もシリーズ化され、主演クラスの女優になった。健さん主演の『日本俠客伝　花と龍』（一九六九年、マキノ雅弘監督）、『日本俠客伝　昇り龍』（一九七〇年、山下耕作監督）で主人公・玉井金五郎に惚れる刺青師・お京も見事な存在感だった。

人気絶頂の一九七二年、歌舞伎の尾上菊之助（現・菊五郎）さんと結婚。それを機にスクリーンの世界を引退した。『あ・うん』は十七年ぶりのカムバックで、しかも健さんとの共演。世間から注目されないわけはなかった。

撮影の合間、「富司さんは、お変わりありませんか」とたずねると、不意の質問にちょっと間を置いてから、健さんはこうつぶやいた。

「女になる、というのは、一人の男と一緒に年齢を重ねていくことかもしれませんね」

結婚をしていない私にはそれ以上質問が継げなかった。

＊

『あ・うん』には、東映時代から健さんと付き合いのある照明技師Mさんが加わっていた。以前から話を伺いたいと思う人ではあったが、健さんの現場で無駄なおしゃべりはご法度である。後日連絡を取るとMさんから、「クランクアップしたら、京都へ来はりませんか」と返事があった。

約束の日に太秦撮影所に出向くと、私を案内してくれたのは俳優の控室だった。入口に架かったプレートを眺めると、そうそうたる名前が並んでいる。一番大きな部屋の入口のプレートに「高倉健」と書かれているのが不思議だった。健さんは、十年以上、東映映画には出ていないからだ。

「そやけど京都の人間はみな、健さんがきっと帰ってきはると信じとるのや」

Mさんはそう言うと、記憶をたぐり寄せるかのようにしばらく黙った。健さんは一九七五年、『日本任俠道　激突篇』『神戸国際ギャング』などに主演したあと、デビュー以来二十年間在籍した東映を去った。フリーになった年に『君よ憤怒《ふんど》の河を渉《わた》れ』、翌年に『幸福《しあわせ》の黄色いハンカチ』など、東映以外の映画に次々と主演している。

Mさんは、東映時代の健さんを懐かしむようにこう語った。

「昔、僕らのギャラはめちゃくちゃ安うてな。看板スターの健さんに愚痴をこぼさせてもろうた。『組合を作ってギャラを上げるために闘いたい』、そう言うたら健さんは『いっそのこと会社を作ろう』と言いはりましてな……」

健さんは自分が会社を作る時にと考えていた名前で、「プロダクション オスカー」を立ち上げた。鶴田浩二さん、藤純子さん、監督では山下耕作さん、降旗康男さんらが次々と参加し、約二十人が集まったという。

「ギャラもポンと高うなりましてな。ギャラのアップだけが目的。会社大きくするつもりは毛頭ありまへん。けど東映の本社からはオスカーを解散しろと言われた。口火を切った僕はクビやろうと思うとったら、何もお咎めなし。これも健さんのお力ですな」

Mさんはそれからもずっと東映で働いていた。『あ・うん』のクランクインの二年前、クリスマスに健さんから時計が贈られてきた。一緒に仕事もしていないのに、突然の贈り物に驚いたという。

「僕がずっと東映で頑張っていることを、ひそかに喜んでくれはってのことでしょう。そういう気持ち、思いやりの表し方はいかにも健さんらしい。そういうお方やから、みんな『いつかは太秦に戻ってほしい』と思うて、ずっと部屋をそのままにしてあるんですわ」

「スター」と言われる俳優控室の上階には、専用のトレーニングジムが備えてある。これも、「俳優は身体を鍛えることが大事」という健さんの一言で作られたそうだ。

そして、いつか主演を夢見る俳優たちの部屋、俗に言う「大部屋」もトレーニングジムと同じフロアにある。大部屋にはロッカーが窮屈そうに並んでいる。そのロッカーのひとつに健さんの写真が貼ってあった。使っている人は健さんとの共演を目指す俳優で、日々トレーニングに励んでいると聞いた。

「船上での最期」の話

映画『あ・うん』の取材は『アサヒグラフ』（朝日新聞社）にルポとして、『ラ・セーヌ』（学研）に企画記事として掲載された。『ラ・セーヌ』の取材では、健さんと縁ある人たちに登場していただくことにした。その一人が俳優の田中邦衛さんだった。

田中さんといえば何と言っても、『網走番外地』シリーズ（一九六五〜七二年）で健さんの二枚目半のキャラクターを支えた存在。一九八一年から二〇〇二年にわたって放映されたテレビドラマ『北の国から』では、黒板家の父親・五郎役を好演した。

テレビ関係者の話によれば、この五郎役はもともと脚本の倉本聰さんが「高倉健さんに」と考えて書いたのだという。もろもろの事情があってか、五郎役は田中さんに回ったわけだが、そんな因縁もあって、一度は会ってみたいと思っていた名優だった。

一九八九年春のことである。連絡をすると、太秦撮影所で仕事をされているということ。「健さんのためなら、いつでも」と取材のお許しをいただき、私はすぐに京都へ向かった。俳優会館の控室の扉を開けるや田中さんはまっすぐに立ち上がって、こちらが恐縮するほど深々と頭を下げた。それからすぐ真顔になって話しはじめた。

「健さんと初めて会ったのは、『網走番外地』シリーズの一作目でした。網走に近い川湯温泉でロケがあって、最初の日、まずは健さんに挨拶をと思って部屋へ行きました。そのときの笑顔は何と言うか、世間でいう格とかしきたりとか一切無縁の、ほんとにやさしいものでした。心からなごむ笑顔です。撮影が終わってしばらくするとその笑顔をまた浴びたくなる。そうするとたまらなく健さんに会いたくなる。俺、うまく表現できないけど……。高い山は遠くから見ると綺麗だけど、一年の大半は雪を被っていて、ときには強い嵐も吹くよね。でも何があってもたじろがない。健さんは、そういう峻烈な山みたいな存在なんです」

口調は「五郎さん」そのままに訥々《とつとつ》としているが、健さんを尊敬してやまないという気持ちが伝わってくる。田中さんは話をつづけた。

「あるとき、『俺、転職しちゃおうかな。いっそ焼きイモ屋とか、ビル掃除とか、マッサージ師とか、どうですかねぇ』と言ったら、『その中じゃ、マッサージ師が一番いいな』と。『健さんはどうですか?』と訊いたら、『俺は転職なんかしないけど、例えば、クイーン・エリザベス号みたいな豪華客船のサンデッキで身体を陽に焼いていると、なぜかそこにウエストのレアチーズケーキが届けられ、『ありがとう』と言って食べたら喉に詰まって死ぬ。こんな最期がいいなあ』。この話、すごく、イカしてますよね」

この「船上での最期」はご本人からも聞いたことがあるが、心底安らいでいるときにぽっくり逝きたい、という喩え話のひとつなのかもしれない。

＊

多くの場合、健さんは相手の質問には真正面から答えようとした。テレビの対談でも、雑誌のインタビューでも、すぐに答えが出ないときは、難問を解くかのようにじっくり考えこむ。それが結果として流れを止め、インタビュアーは答えを待ちきれずに次の質問に移ってしまう。健さんが「寡黙」「不器用」と呼ばれた所以のようだ。

私がインタビューしていても、答えが見つからないと話を濁すのではなく、そのまま沈黙する。それでも自分なりの答えが見つかったときは、いくら時間が経っていても電話をかけてきて、「先日の話ですが」と自分の言葉で伝えてくれた。

田中さんが話された「峻烈な山」の話を伝えると、じっと沈黙した後、噛みしめるようにこう言った。

「人は誰でも幸せになるために、必死に悶えているんじゃないですか。心を閉ざし、悩みながらも幸せになろうとする。それは決してきれいごとではない。修羅場です。そういう生き方をしていても、確実に幸せに向かっている。そう信じたいんです」

靴デザイナーと任俠映画

一九九三年、健さんについてもっと深く知るために、健さんと一緒に仕事をした人と小さな集まりをもつことにした。名称は「健さん片想いの会」。

そうした会を発足させたいという考えを健さんに伝えると、健さんからは、「どこにも借りを作らないようにやってほしい」と返事が届いた。

別にそれほど大げさな活動ではない。健さんの出演映画を上映し、それについて語り合うというもので、年に二度ほど映画会社からフィルムを貸してもらうことにした。

会場は一九三六年建築の旧芝浦花街の検番（芸妓の周旋所）。チケットを印刷し、会場の窓に暗幕を引いてスクリーンを掛け、映写技師を頼んで当日を迎えた。もぎりはイラストレーターのＦさん、撮影記録はカメラマンのＩさん、撮影機材の調達は映画ラインプロデューサーのKさん、サポーターは映画小道具のIさん、進行と雑用係は私という具合で、いわば内輪の懇親会みたいなものである。

なかには「後援者を募ろう」という意見もあったが、健さんの「どこにも借りを作らないように」というメッセージがあり、思いとどまった。費用は参加者の持ち寄りで、会場費、フィルム代、映写技師への謝礼などに充て、それでも足りないぶんは、当日のお客さんからいただいた参加費で埋め合わせた。もっとも、ヒモ付きでないおかげで、会は気楽で楽しいものとなった。

参加者の中にシューズデザイナーの高田喜佐さんがいた。一九七六年にシューズブティック「KISSA」を渋谷PARCOにオープンし、流行に敏感な若い女性たちにとっては憧れのブランドだった。自ら口にすることはなかったが、昭和を代表する詩人の高田敏子さんを母に持ち、自身も文筆家として靴をめぐるエッセイを多く残している。

その喜佐さんは、学生時代から健さんの熱狂的なファンだった。人気靴デザイナーと任侠映画とは妙な取り合わせだが、彼女の著書にはこう書かれている。

「女だてらに私もその熱狂的なファンの一人で、毎週東映に通ったもので、お目当てはもちろん健さんである。健さんの着流し姿にまず惚れ込んで、帯の締め具合、ふろしきの持ち方、ドスの構え方、仁義の切り方、花札のさばき方、半てん姿……、何から何まで格好よくて、ドキドキのしっぱなしで、あのラストの殴り込みのシーンには、周りのお兄さんたちに負けず劣らずの興奮ぶりであった。（中略）アウトローの魅力と、日本的様式美の美しさと、義理と人情と我慢の美学……。六〇年代を背景に、私の二十代としっかり重なる憧れの日本のヒーロー」（『私の靴物語』、講談社文庫）

喜佐さんの熱い気持ちはつのる一方で、二十九歳のとき、喜佐さんは初めて健さんからサインをもらったそうだ。まずは京都で撮影中の健さんがよく立ち寄る喫茶店「イノダ」に、わざわざ東京から出かけて行って千載一遇のチャンスを待ったが会えず。それでもあきらめきれずに、つてをたどって東京の大泉撮影所でサインをもらうことに成功したという。そのときのいきさつと感動については、お酒の席で何度も聞かせてくれた。その数年後、喜佐さんは健さんと再会、『大地にＫＩＳＳを』（文化出版局）にはこうつづられている。

「野球帽をかぶって、健さんはふらりと入ってみえた。その日、ワークブーツのオーダーをお受けしたのだ。そして、帰り際、ショールームに並んだ靴の中から、健さんは一足を選んで買ってくださった。それは、私のいちばん気に入っているメンズの靴、プレーントウの外羽根のひも靴だった。ビブラムソールに四つのはと目、丸い黄色のナイロンひものついた、グッドイヤーの作りの上等な靴なのだ。靴を箱につめながら、私は信じられない思いだった。もう、空に飛んで行きたい気持ち。

今まで靴屋さんをやっていてよかった、と心の底から思っていた」

その出来事は、喜佐さんの生涯の励みとなった。

＊

喜佐さんはいつも着物姿で下駄を鳴らしながら、笑顔で私たちの会に参加してくれた。その下駄の音が聞こえなくなったのは二〇〇六年のことだった。がんを患い、店じまいを考えているようだと人づてに聞いた。

本人はいたってケロッとしているそうだが、店を訪ねると、やはり彼女の姿はなかった。店のスタッフによると、「そろそろ自分の時間を大切にしようかな」といいだした直後、がんが見つかったのだという。

「近く、NHKの番組（『おしゃれ工房』）の収録が終わったら再入院する予定です。つい先日、高倉さんから映画の招待券が送られてきて、とても喜んでいたんですが」

映画とは、二〇〇六年一月に公開された張芸謀《チャンイーモウ》監督の日中合作映画『単騎、千里を走る。』である。健さんから届いたチケットがよほどうれしかったのか、ことあるごとに周りの人に見せていたそうだ。

喜佐さんは好き嫌いがはっきりした人で、どれだけ健さんのファンでも気に入らない人にはけして近づかなかった。幹事役の私は、いつも席割りに苦労したものだった。

一方で好きな人には徹底して心を許していた。いつも素敵に着物を着こなしていた評論家の佐々木久子さんが大好きで、佐々木さんと親しかった私が酒席をもうけたこともあった。

鎌倉で育った私は、地元に住む「寅さんのおばちゃん」（三崎千恵子さん）と面識があった。「三崎さんの着物姿も好き。いつか会いたいな」ともお願いされていた。その約束は果たせないまま喜佐さんは旅立ってしまった。

その日は、二〇〇六年二月十六日。奇しくも、健さんの誕生日と重なっていた。

おかげで堕落せずに

映画『ホタル』(二〇〇一年)の撮影中のことである。雪国の旅館のセットが組まれたスタジオに健さんが入ってきた。照明の具合をととのえるしばらくの間、スタジオの隅でコーヒーを飲みながら健さんがぽつりと言った。

「八甲田山の旅館を思い出すなあ……」

私はその言葉を聞いて、映画『八甲田山』(一九七七年、森谷司郎監督)の現場を訪ねてみようと考え、翌年十月、青森へ足を運んだ。当時、ロケにスチールカメラマンとして加わった、地元で写真店を営む男性が八甲田山の周辺を案内してくれた。晩秋とはいえ吹きつける風の冷たさは格別で、髪の毛も頰も凍りそうなほどだった。

そのとき映画会社の宣伝部にいたSさんのことを耳にした。私は東京に戻ってからS

さんを訪ねてみたが、すでに別の会社に移っていた。手紙で、「どんなことでもいいから健さんについて話を聞かせてほしい」とお願いした。数日後、「どうぞいらしてください」とSさんから電話をいただいた。

迷った挙句、土産に買った真紅の薔薇の花束を手わたすと、Sさんは少し気恥ずかしそうに思い出を語りはじめた。当時、映画会社の宣伝部にいて、森谷監督の『八甲田山』や『海峡』（一九八二年）を担当したことから、健さんと知り合ったという。

「仕事柄、多くの俳優さんと会ってきましたが、高倉さんは別格でした。何と言うか、あの人と向き合うには、自分の考え方、生き方を叩き直さないと失礼かもしれない、そんな思いがしてくるんです。もちろん、高倉さんがどんな人生を送ってこられたのか、私には分かりません。ただ面と向かうと、湧き出してくるようなエネルギーを感じて、息が詰まりそうになる。傍にいたいのに、半身では逃げ出したくなる、そんな怖いぐらいのオーラがありました」

映画『八甲田山』は、新田次郎の『八甲田山死の彷徨』が原作である。日露戦争が始まる直前の一九〇二年、実際に起きた青森歩兵第五連隊の雪中行軍遭難事件をもとに作られたものだ。撮影は三年がかりで、真冬の八甲田山での撮影はのべ六ヶ月にもおよんだ。Sさんは宣伝スタッフとして度々その現場に立ち会っていた。

高倉さんと森谷監督とで映画への思いが同じかどうかは、自分のあずかり知らないことですが、そう前置きしてつづけた。

「何のために作品を宣伝しているのか。もちろん会社のため、自分のためでもありますが、一緒に仕事をさせてもらった森谷監督、高倉さんに恥をかかせたくないという思いがあります。森谷監督の喜ぶ顔が見たいし、高倉さんにも満足してもらいたい。そう思わせる存在がないと、人間はどこかで手を抜いてしまうものです。いま考えると、あのころが人生でもっともいい時期だったと思います」

Sさんは『海峡』のときもロケ現場にいた。青函トンネルは三十年がかりの国家的プロジェクトであり、多くの犠牲を払って難工事を成し遂げた人たちの人間模様を描いた大作である。

ある日のこと、ダイナマイトで岩を粉砕する工事の撮影があった。炸裂直前、作業員たちがトンネル内を走って避難する。その二秒後に岩が破裂するという危険なシーンである。青函トンネルの一部をセットで組むにはかなりの時間がかかり、失敗すればまた何日もかけて組み立てることになる。天井に仕掛けたダイナマイトのスイッチを、本番で誰が押すかをめぐってひと悶着起きた。

「一瞬、こわばった空気が流れました。その時、『俺が押す』、そういったのは森谷監督でした。監督自身がスイッチを押すという裏には、真に迫った瞬間を自分で選びたいという気持ちだけでなく、万一誰かにやらせて事故が起きたら、その人は一生悔やむことになる、そういう考えがあったんです」

森谷監督には助監督時代、セットで事故が起きて子役がケガをしたとき、スタッフの不始末と責任の所在をわめき散らす監督を制して、「この子が先でしょう！　救急車を呼ぶのが先だ！」と反論したエピソードがある。「現場で誰かにケガを負わせたり、命にかかわるようなことは決してしてはいけない」、森谷監督の根っこにはそういう思いが常にあったとSさんはふりかえる。

「もし何か起きたら、責任はすべて自分がとる。そういう〝当たり前〟をしっかり持ち合わせた男っぽい人でした。映画監督という芸術的職業人にはめずらしいタイプで、高倉さんもきっと森谷監督のそういうところに共感していたのだと思います」

森谷監督は一九八四年、『海峡』が公開されてから二年後、がんのために五十三歳の若さで世を去っている。公私にわたって親しかったSさんは、会社から葬儀の世話役を命じられた。健さんは葬儀に姿を見せなかったが、意外には思わなかったという。

「たぶん来られないだろうと思っていました。来られるとしても、式が終わってみんなを引きあげたあと、ご遺族のところへひそかにやってくるような人です。人前で悲しい心をさらけ出すようなことは決してしない。八甲田山での吹雪の中でシーン待ちしていた光景を思い出しながら、そう思っていました」

Sさんが自分の父親を亡くしたとき、また一周忌にも健さんから線香が届いた。

「一緒に仕事をしたといっても短い期間で、もともと住んでいる世界が違うと思っていましたから、正直言って驚いたし、その思いやりには心を打たれました。恐縮しながらもすぐにお礼をと思ったのですが、電話では失礼だな、ハガキではもっと失礼だし、ならば手紙と思ってもワープロで打つわけにはいかない、しかしこんな下手くそな字では……。あれこれ考えているうちに、結局、礼状を出しそびれてしまった。いい歳をして、なぜこれほどガチガチになるのか、自分でもあきれてしまいました」

健さんはSさんにとって、かなりプレッシャーを与える存在だったようだ。

「映画のポスター制作も僕らの仕事でした。お気に召したかどうか気になりますが、本人には訊けません。仮にうかがっても『気に入らない』とは決して言わない方ですから。

何であのとき二十六杯目のコーヒーを付き合わなかったのか、と悔やまれます」

たった五分でも同じ時間を共有しようとしてくれたんじゃないかな。年月が経つほど、ーでも』と言わなくなったんです。今にして思うと、高倉さんはコーヒーを仲立ちに、由をつけてお断りしました。高倉さんは顔色も変えなかったけれど、翌日から『コーヒーを飲みましょう』と高倉さんがおっしゃる。僕は少し胃がもたれていたので、理たび付き合い、数えてみたら朝からなんと二十五杯目。夕方に時間が空くと、また『コ「ご存知のように高倉さんは大のコーヒー好きです。その日は博多でしたが、僕もその

ーンで、Sさんは北海道や九州へ健さんに同行した。そのときのことである。
っても健さんの名前を聞くと、ある場面がよみがえるそうだ。『八甲田山』のキャンペ
撮影現場に立ち会っても、それほど話をしたわけではないとSさんは言うが、何年た

や大スターですからね。自分の身体が、かっと熱くなったのをはっきり覚えています」
いて立ってから挨拶されるんです。普段、そんなことされることはまずないし、まして
「撮影所でごはんを食べているときにうかがうと、私みたいな者に対しても必ず箸を置
おっしゃる。そのときは喜びいさんで拡大した写真を持っていきました」
でも気に入ったときは、『あのポスターの写真、伸ばしてもらえませんか』とぽつんと

　あれほど礼節を重んじる人に、なぜ自分はわずかな時間をご一緒できなかったのか、そう語るSさんが忘れられない光景がある。移動中の乗り物の中で、布バッグから鉄アレイを取り出して、たえず身体を鍛えている健さんの姿である。

「あの時代、あの組にいて、高倉さんの傍に少しでも置いてもらえたことは、自分にとって財産です。おかげでその後、あまり堕落しないで生きてこられたような気がするんですよ」

自分に対する望まれ方

二〇〇二年十月、このときの八甲田山行きにはもうひとつ目的があった。映画『八甲田山』の公開から二十五周年ということで青森市での企画展があり、上映のほかに写真展とロケの取材を担当した東奥日報編集局長（当時）のSさんによるトークショーも予定されていた。当日、Sさんは記者として映画製作に携わった三年間の舞台裏を、限られた時間ではあったが惜しげもなく披露していた。数週間後、そのSさんにあらためて東奥日報の東京支社で話を聞いた。

「記憶は薄れるものですから、間違いのないように当時の資料を用意しました」

Sさんはそう言いながら、「映画八甲田山取材ノートから」というタイトルのついた記事を手渡してくれた。

「実際に遭難した青森歩兵第五連隊の雪中行軍にも、うちの記者が同行していたと聞いています。ですから『八甲田山』には会社を挙げて協力し、企画の段階から参加して、ヘリからの撮影や自衛隊の協力などさまざまな手配をしました」

製作の中心となっていたのは、黒澤明監督の『羅生門』『七人の侍』で注目された脚本家の橋本忍さん。冬の時代に入った邦画界にあって、洋画の攻勢を跳ね返す、あるいは凌駕する作品を作ろうとする人たちが集まり「橋本プロ」を一九七三年に立ち上げた。

メンバーは他に野村芳太郎さん（松竹）、森谷司郎さん（東宝）、大山勝美さん（TBSディレクター）、佐藤正之さん（俳優座）、宮本進さん（電通）。わずか六人とはいえ、今から見ても錚々たる顔ぶれである。橋本さんには、「橋本プロダクションは、頭脳と技術を持つ人たちの製作集団である。そこでこれをやると決めたものを、もしやらなければ、その日をもって解散しなければいけない」という決意があったそうだ。

橋本プロの最初の作品は『砂の器』、次が『八甲田山』である。「『八甲田山』のスタートは『砂の器』より早かったが、長い間、事前調査やシナリオハンティングをしていたため、結果的に『砂の器』のほうが先に公開された」（Sさん）という。

『砂の器』の成功を受けて、『八甲田山』には六億五千万円という大型予算が組まれた。

うち三億が直接製作費で、橋本プロと東宝の製作者負担になる。クランクインを前に東宝が直接製作費を二億五千万上乗せすると申し出たが、橋本さんはそれを断ったそうだ。金を出せば口も出したくなるのが世の常で、そうなると映画会社が主体になり、「天気待ち」のような粘りの撮影はできなくなる。せっかく独立プロを立ち上げた意味がなくなるというのが理由だった。

撮影は一九七五年夏に始まり、翌年、翌々年のふたつの冬をまたいで、厳寒の八甲田山や岩木山でおこなわれた。橋本さんは、時折、風速数十メートルの風が吹く山中でも、何時間遅れようとも杖をついて登り、ほぼ毎日スタッフに交じって機材や資材を担いで動き回った。そしてどこへ行ってもお地蔵さんに頭を下げていたという。

Sさんの記事には、「高倉健インタビュー」も掲載されている。

> 青山墓地の近くにある「ウエスト」という喫茶店で、橋本プロの橋本忍さんにお会いしました。「どうして徳島大尉が、僕なんですか」と尋ねたら、(中略) 何人かの候補の方の名前を書いた名札をテーブルの上に出したら、森谷監督がみんなの名札を次々に裏返しにしていって最後に僕のだけが残ったそうです。

「徳島大尉役は彼しかありません」

この一言でご一緒しよう、と瞬間に思いました。しんどい仕事だとかは、ずっと後で考えたことです。その時は、自分に飛んできた白羽の矢の決まりように感動してそう思ったんです。（中略）

その当時は、東映で年に一〇本とか一五本の作品をやるということを何年も続けていた時期で、一つの作品にかかり切りでやってみたい、という想いも強くありました。どうしてこの厳しい仕事をあえて引き受けたか、と問われてもよく分からないのですが、やっぱりその時、どれだけ自分がその役に望まれているか、自分に対する望まれ方の問題だと思います。

七〇年代はじめ、製作本数の減った映画会社は専属俳優を抱えておく余裕がなくなっていた。そのため「作品ごとに俳優と契約を結ぶシステム」が主流になろうとしていた。健さんは東映の専属であったものの、「橋本プロ」のオファーに応えている。

ロケは、想像以上に過酷なものだったようだ。起床は四時半、装備をつけ、六時には旅館前で点呼。昼食、夕食、ときには夜食の三食とも雪の中で、腰まで埋まりながら食べた。カレーライスのご飯が凍って、シャリシャリ音を立てていたこともあったそうだ。

森谷監督の一徹な仕事ぶりは、地元の営林署の人たちもあきれるほどだった。半ばはドキュメンタリーのような撮影に挑めた理由を健さんは記事の中でこう振り返っている。

「(北大路)欣也君の遺骸に向かった時のラストシーンは、ロケセットで撮影したんですが、しんしんと雪が降り、テント造りの死体安置所の護衛兵士、奥さん役の栗原小巻さんの気迫、このシーンを撮ろうとするスタッフの〝気〟のようなものを深く深く自分の心に感じ、自然にそういうふう(編注…健サンはこのシーンで本当に涙を流していた)になりました」

健さんが「本当の涙」を流したというラストシーンにはSさんも立ち会うことができたという。「真夜中で外は吹雪いてるし、その寒さったらなかった。喪服姿の栗原さん、棺桶の中の北大路さん、そして高倉さんの凍りついた顔——身震いしました」

製作に三年かけ、延べ八千人のエキストラを動員した『八甲田山』は観客数五百五十万、興行収入二十六億円という大ヒットを記録。一九七六年に東映を退社した健さんは、この作品と『幸福の黄色いハンカチ』両映画で第一回日本アカデミー賞主演男優賞、第二十回ブルーリボン賞主演男優賞を受賞、俳優としての名声を確かなものにした。

津軽弁の大道具さん

映画への出演を決めるとき、脚本の中に心が動かされる台詞が一つでもあれば腰が上がる——健さんがそう話していたことがある。

たとえば映画『あ・うん』では、「富田（靖子）君の台詞で『一番大切なことって、人には言わないものなんでしょう』というのがあって、僕、あの台詞が好きですね」とも言っていた。

東宝砧撮影所からほど近いところに住むNさんは、映画大道具のベテラン組付師だった。健さんの映画の現場でときどき目にしてはいたが、そのいかつい風貌と鳶職人みたいな身のこなしに気おされて、なかなか親しく話しかけることができないでいた。

Nさんと初めて話をしたのは二〇〇〇年、健さんを描いた『男の肖像　福山小夜　版画展』の会場だった。しかし私はNさんの津軽弁をほとんど聞き取れず、出てくる映画人の名前をつなぎ合わせて、なんとなく見当をつけるしかなかった。その一方で、独特のイントネーションとリズムで語られる話は、当時の映画の裏方の厳しさと熱気を十分に物語る。

Nさんは、黒澤明監督の『七人の侍』を見て映画の世界に憧れ、十八歳のときに青森から夜行列車で単身上京。はるばる青森から来たNさんを守衛の一人が親切で撮影所の中へ入れてくれたことから、ほとんど飛び込みのようにして大道具組付の手伝い仕事を得ることになった。

自分と同じような大勢の地方出身者、大部屋での暮らし、次々に降ってくる仕事、不規則な生活、賃金の良さ——しかし、そんな毎日の疲れがたまり、やがて身体を壊して入院。やにわに青森にいる母親の顔が見たくなり、夜行列車に飛び乗って青森へ帰ったこともあった。

「あのときは、汽車が走るの、こんなに遅かったかな、そう思ったね。おれが生まれたときにはお父さんはいなくて、お母さんはおれを育てるために働いたのなんの。おれが帰ったらとっても喜んで、『しばらくおられるのか』って聞くんだ。だけど青森に仕事はねえ。またすぐ夜行列車で東京さ戻ったよ。撮影所へ行くと、あの親切な守衛さんが『お帰り。成田山へ初詣に行くバスが出るからよ。東京にいるならお参りに行ったほうがいい』。そう言うんで、お参りに行った。バスの中で、一人きりで考えたさ、撮影所で世話になる決心をしたよ……」

Nさんは朝から晩までじつによく働いた。子どものころ母親から教わったように、撮影が終わったスタジオを毎日一時間かけて掃除して回った。それでも翌朝になるとまたホコリが落ちている。あまり急いで掃除をするとまたホコリが立つから、みんなが来る一時間ほど前からあらためて掃除するようになった。

「『細雪《ささめゆき》』のときだったかな、撮影の後、静かに掃除してたら、誰もいないと思われて、他の人がスタジオの鍵をかけて帰っちゃった。あのときはあせったよぉ。天井に登って、上にある非常口から這い出たなぁ」

当時は日本映画の黄金時代で、撮影現場での仕事はひきもきらなかった。夢にまで見た黒澤監督の『天国と地獄』でも仕事をすることができた。そこで助監督をつとめた森谷監督が『八甲田山』を撮ることになった。もちろんNさんは大道具として現場についた。

「監督が『あんた何もしゃべらないね。何考えているかわからない』ってさ。おれ訛りひどいし、しゃべるの苦手だから困ったよ。しゃべんないのが一番、そう口に出しかけたんだけど、でも仕事やらねえで文句言ってもしようがねえ。おれ、裏方だからよ」

生来の話べたを自認するNさんでも「かなわない」と思った人がいる。健さんである。

「高倉さんが好きだったから、山のロケでは誰よりも先になって道を作った。ほんと、頑張った。『しゃべらなきゃ仕事にならん』と言ってた監督も寒さで口が動かなかったみたいで、山ではほとんど口きかなかった。でももっと驚いたのは、高倉さんがおれよりもしゃべらない人だったこと。ロケでもセットでもいっさい無駄口をきかない。『この人、いい人だなあ』って思ったよ」

Nさんは仕事が忙しくなり、青森の家は母親一人に任せっぱなしになっていた。やがて母親は働き通しのまま世を去った。Nさんは以前にもまして無口になって、黙々と働きつづけた。

「そうすることが、お母さん、いちばん喜んでくれるって思ったから。働きすぎて身体が悲鳴をあげることもあった。でもそんなとき、高倉さんの姿を見ると元気になった。誰とも群れずにセットの隅に一人でいて、ただ黙って出番を待ってる。カッコイイよ」

『あ・うん』のロケ中のある朝、セットに入ってきた高倉さんの様子がいつもと違うことにNさんは気がついた。「今日の高倉さん、おかしいな」、いぶかりながら撮影前の段どりをしているNさんの耳に、「悔しい」と、しぼりだすような健さんの声が洩れ聞こえてきた。健さんの母親が亡くなったことを知ったのは、それからしばらく経ってからのことだった。

「お母さんが亡くなっても自分は現場にいるんだもの。お母さんとこ、行きたいよ。悔しかったと思うよ。あれから、高倉さんが少しでも喜ぶ顔が見たくて、おれはもっともっと仕事に踏ん張った。高倉さんが入るセットにチリ一つ落ちていないように、毎日毎日掃除して、水を撒いて清めておいたんだ」

五十歳のとき、Nさんは現場で足の踵を割ってしまう大きな事故に遭った。そのときは健さんがリハビリの病院に連れて行ってくれた。その二年後、今度は山の中腹で転落事故に遭う。そのときは意識不明に陥り、三日間意識が戻らなかったという。

「血の海みたいな所をトコトコ歩いて、しばらく行くと銀色の花がたくさん咲いている所に出た。ここが仏さんの世界かと思っていると、光がさっと射してきて、いい気持ちになった。その少し先に、花に包まれたお母さんがいた。ふと気がついたら、隣に高倉さんがいて、『おれのお母さんだよ』って必死で教えるんだけど、高倉さんがおれの肩を痛いほどつかんで、お母さんに近づけない。そしたら、お母さんはほっとした表情で笑ってくれて、ぱっと消えちゃったんだ」

その翌年、健さんは映画『四十七人の刺客』（一九九四年）の撮影に入った。一年間仕事を休んでいたNさんにも「現場に出てみないか」と声がかかった。リハビリのすぐ後だけに最後までやり通せるか心配だったというが、「高倉さんに救われた命、最後の仕事」と思って受けることにした。

その撮影が終わり、青森から上京して三十七年、五十五歳でNさんは撮影所を辞めた。次の日から毎朝、近くのお寺にあるお地蔵さんを掃除するのがNさんの日課になった。自分の誕生日には、東京に出てきてからお世話になった人たちの名前をぜんぶ書いて、手を合わせる。その中には、健さんの名前ももちろんある。踵を割ったのと同じ日には撮影所まで行って、「ここで二度と事故など起きませんように」と祈った。

撮影中のある日、陣中見舞いに訪れたNさんの姿に気づいた健さんは、遠くから笑顔で手を振っていた。Nさんは健さんのもとにかけ出していった。

ひばりさんの「無法松の一生」

ひばりさんの「無法松の一生」

健さんと昭和を代表する大歌手・美空ひばりは、一九五七年の『青い海原』から『祇園祭』（一九六八年）まで、十七作品で共演している。

そのころの東映は時代劇が主流で、現代劇というと刺身のツマぐらいに軽いあつかいだったという印象がある。もともと私は大のひばりファンであったし、スクリーンで目にするどこか照れくさそうなサラリーマン役が高倉健であることなど、初めのうちはまるで知らなかった。

健さんから一度だけ、ひばりさんについて話を聞いたことがある。『あ・うん』の撮影中の一九八九年六月、ひばりさんが急逝したときのことだ。

実弟と暴力団の関係をめぐって受けたマスコミからの猛烈なバッシング、愛する近親者との死別、そして自身の度重なる病気との闘い——それでも歌手としての人気はほとんどゆらがなかった。同じ歳の江利チエミさんとは親友でもあった。私がひばりさんの大ファンだったと言うと、健さんはこんな話をしてくれた。

「ひばりちゃんは、たえず連続して行を積む修行僧のようでしたね。毎日、毎月、何年も同じことを繰り返し、ただ歩きつづけていく。そうやって自分をつらぬくというのは大変なことです。生き方を変えたほうが、ずっと楽なときがありますから」

「死んでしまってから勲章を贈っても遅いじゃないか、本当にそう思います。あきらかに公の場から締め出しておいて、今になって……とても疑問です。でも、きっと大衆の悲しみ、失意のさまを見て政府が驚いたんでしょうね。大衆はちゃんと知っていた。ひばりちゃんが現代に失われた大事なものを持って生きていたこと、その生きる姿勢というものをね。霊柩車を拍手で送るような現象なんか、今後も、世界中を探しても、めったにないことだろうと思います」

ひばりさんは一九八七年、公演先の福岡で病に倒れた。八一年に母・喜美枝さん、八二年に江利チエミさん、八三年に弟・哲也さん、八六年に弟・武彦さんが死去し、次第に増えた酒量からか、慢性肝炎、両側大腿骨骨頭壊死に蝕まれていった。

「ある映画の撮影が終わった後でした。亡くなられた弟さんにお線香を上げさせていただこうと思って、お宅へうかがったんです。ひばりちゃんはものすごく喜んでくださって、『ゆっくりしていって。私、一曲歌うわね』と言って、そのとき歌ってくれたのが『無法松の一生』でした。その一曲だけ聴いて、帰ろうとする僕に、『また、ぜひ来てちょうだいね』と言われました。だけど、その約束はとうとう果たせませんでした」

「無法松の一生」は、北九州出身の作家岩下俊作の原作で、明治三十年から大正六年ごろまでの、日清戦争から日露戦争へ突入する富国強兵の時代の流れの中で生きる、人力車夫の松五郎（無法松）の生きざまが描かれている。人生の悲哀を喧嘩や酒で紛らわせる日々。やがて、小倉は大陸へ派遣される兵隊たちの基地として栄え、八幡製鉄所の操業が始まり、町全体が活気を帯びてくる。

時代とともに松五郎の荒れた暮らしも落ち着いてくる。その頃、ある少年との出会いがある。軍人だった少年の父親は雨天での演習がたたり、風邪をこじらせて突然亡くなる。松五郎は、母子を励ましつづけるうちに、家庭のぬくもりを知る。

やがて少年は成長し、熊本の学校へ進学。それを機に松五郎は老けこんでいくが、ふたたび生気を取り戻したのは、少年が祇園祭の太鼓を楽しみに帰郷したとき。松五郎は飛び入りで力いっぱい祇園太鼓を打ちまくる。だが、祭の後、松五郎は少年の母に別れを告げるかのように立ち去り、二度と姿を見せることはなかった。

阪東妻三郎や三船敏郎など、名優たちの主演で何度も映画化されているが、同じ北九州の炭鉱町で生まれ育った健さんと、時代の流れに乗れない不器用な男無法松に、少なからぬ因縁を感じている映画人は少なくない。『八甲田山』や『海峡』でコンビを組んだ森谷司郎監督も出演を打診したが、実現しなかったそうだ。

これまでに何度も耳にした、「健さんに『無法松の一生』をやってもらわないと、映画屋として死んでも死にきれない」という言葉。健さんもこう話していたことがある。

「男って、一年一年ハンデを背負って生きているような気がします。家族のためだったり、好きな女性のためだったり、じっと耐える生き方、男らしいと思います。僕はそんなに器用なほうじゃないし、自分の歳で感じられるものを演っていけたら……。いつか、生まれ故郷の英雄、富島松五郎を演ってみたいですねえ」

ひばりさんの「無法松の一生」を聴いたその日、健さんの心は大きく動いたにちがいない。

刀匠と魚嫌い

『四十七人の刺客』は健さんにとって久しぶりの時代劇映画への出演となった。健さんの出る映画は、日本映画としては大型の予算が組まれることが多く、このときも地方ロケが多く予定されていた。

フリーという立場上、まず掲載誌を決めなくてはならなかったが、このころは大人が読むようなグラビア雑誌が次々に休刊する一方で、健さんに見合うような雑誌は限られていた。そうした事情から『アサヒグラフ』に企画を持ち込むと、副編集長が担当デスクとなり、かなりのページ数を割いてくれることが決まった。

しかし問題は、私が考えた企画に健さんが乗ってくれるかどうかである。ともあれ私は、ロケが終わった後で、健さんを旅に連れ出してインタビューと撮影を行うことを企画の目玉に考えた。加えて、健さんと縁のある人たちをも取材すること。気持ちは前のめりでも、実現には何をおいても健さんに話を通さなくてはならない。

だが、撮影中の健さんに近づくのは難しいことだった。ロケも終盤にさしかかったころ、琵琶湖近くの現場でチャンスが訪れた。シーン待ちの健さんに時間ができたというので、私は長らくカバンに入れたままにしていた企画書を見せながら、「実は、今回は旅をメインにしたいのですが」と提案してみた。

意外にも健さんは「沖縄に行きたいところがある」と答えた。内心で拍手喝采しながらも喜びを抑えて他に候補地を挙げてみたが、その場では決まらなかった。再び話がでたきたのはクランクアップ間近で、それまでにいろいろ考えてくれたらしく、「長野がいい。前から訪ねたいと思っている場所がある」と健さんが口火を切った。

健さんは大の日本刀好きで知られている。東京・代々木にある刀剣協会を訪ねて何時間も飽きずに刀を見ていることもあるという。その理由を聞いたことがある。

「人を殺すために作ったツール（道具）は不気味な形をしている。戦車などは形もキャタピラの音も、砲塔が回る様子もあまり見たくない。でも、日本刀は違う。夜中に刀を引っ張り出して、すーっと抜き身にして、打ち粉をぽんぽんぽんと打って眺めていると、不思議な安らぎがある。とげとげしい心が洗い流されていくような……。日本刀は選び抜かれた古鉄を火に入れ、打っては曲げ、曲げてはのばし、また水にくぐらせ、火に入れる。そういう作業を繰り返しながら、刀工の気というか、祈りを叩きこんでいくのではないか。その想いが何百年経っても見る者の心を打つんだと思う」

かつて健さんは刀匠・宮入行平さん（一九一三～七七）の打った刀に深い感銘を受けたことがあった。今は息子の宮入恵（現・宮入小左衛門行平）さんが跡を継いでいて、長野県埴科《はにしな》郡に鍛冶場と家があるという。

取材旅行は映画のクランクアップ後、すぐに実現した。宮入さんの自宅には鍛刀道場と呼ばれる刀づくりのための別棟があり、到着すると健さんはすぐにそちらに通された。健さんは、真っ赤な炎と向き合って鉄を叩き、刀を打ちつづける宮入さんとお弟子さんを、飽きる様子もなく長い間じっと見つめていた。

昼までの鍛冶仕事をすませると、宮入さんは「散歩に行きませんか」と健さんを誘った。子どものころから遊び場にしていたという田んぼのあぜ道を通って鎮守の森まで、自然体で肩を並べて歩く。そのうち健さんの口から、ふだんは聞けないやんちゃな幼少時代の話が出たりした。

「僕は四人きょうだい、その中で一番身体が弱くって、母の手を煩わせていました。人からもらったものでも何でも食べてしまう子だった。よく腹をこわしましてね。母親が『この子に食べ物をあげないでください』という札を作って、『首からさげてなさい』って。実にいやしい子だったんです」

「秋になると、近くの神社で相撲大会がある。五人抜いて勝つと自転車がもらえる。それが欲しいんだけど、すぐ投げられる。親父が亀ヶ嶋という四股名までもっていて、相撲は玄人はだしだったのに、僕は足を擦りむいてばかり、賞品を取ったことは一度もない。家に帰ると、母親が『あなたは弱いんだから相撲はやめなさい』と赤チンを塗ってくれた。それで安心するとまた、『コンチクショー』と出ていくんです」

「三年にいっぺんくらい、何十円か出して入場券をもらい、水を抜いた池の魚を捕るというのがあった。それも同級生が大きな鯉を捕ったりするのに、僕は一匹も捕れない。ガタガタ震えて泥だらけで帰ると、また母親に『あんたはこういうの向かないのよ。やめなさい』、そう言われました」

幼い頃の思い出を数珠つなぎに思い出しては語りながら、ゆっくりあぜ道を歩いた。散歩から戻ると、中庭に奥さん手作りの食卓が用意されていた。気さくな雰囲気のおかげで取材も順調に進み、私たちは夕方には宮入さんの家を辞した。

その日の宿は宮入さんから紹介された、車で一時間ほどのところにある鄙《ひな》びた湯治場の霊泉寺温泉にあった。到着後は各々自分の部屋でくつろぐことにしたが、湯治場だけに取り立ててすることもない。暇を持てあましたのか、健さんが階下へ降りていった。

宿の帳場にはおばあさんが一人で座っていた。健さんが、「こんばんは。お世話になります」と言いながら近づくと、おばあさんが言った。

「あなたはたしか、有名な方ですね。どこへ行っても騒がれて、たいへんでしょう。ところでご結婚はされてるの？」

いきなりの質問に健さんがちょっと言葉に詰まる。おばあさんは、

「結婚しても、隠しておけばいい。歳は待ってはくれませんよ」

そう言って微笑んだ。聞くところによれば、明治三十七年生まれの九十歳だという。

「僕のおふくろも、おばあちゃんみたいに小さな女性でした。でも九州の女で、考え方はとても古かった。おばあちゃんみたいに新しいものの考え方をする人だったら、僕も好きな女性を隠しておいたのに。残念です」

健さんが江利チエミさんと結婚したのは一九五九年のこと。親族間のお金をめぐるス

キャンダラスな噂の中で、結婚生活は十二年で終わりを告げた。世間的には、結婚話はタブーの話題に思えたが、健さんは正座したまま、しばらくそのおばあさんと話していた。

何より助かったのは、このおばあさんの自然な振るまいのおかげで、いくぶん他人行儀だった健さんと私たち取材班の雰囲気が変わったことだ。初顔合わせのカメラマンも、心底くつろいだ健さんの表情をフィルムにおさめることができた。

夕食のあとスタッフが集まっている部屋に、ふいに健さんが顔を出した。前にもふれたように、健さんの前では禁酒禁煙が原則だったが、すでにお酒も入り、煙草をふかしているスタッフもいるのは隠しようがない。あわてふためくスタッフをよそに、健さんはどっかり腰を下ろし、立膝座りのまま壁に寄り掛かった。

「『網走番外地』のロケのときに、結構、いたずらをしましたね。僕が仕掛ける張本人だと知っているから皆用心している。それを承知で、メイクさんにアメリカから買ってきた脱毛クリームを渡して、『これは顔がツルツルになる高価なクリームなんですよ』と話をさせる。相手は、真に受けてそれを試したくなる。メイクさんに了解を取ってやっとクリームを付けると、本当に顔のうぶ毛やひげ剃りあとまできれいになる。でも鏡を見ると、眉毛まですっかりなくなっていて。大騒ぎしていたね」

「長い間のロケですから、どうしても場の空気と馴染めない男が出てくる。栄養ドリンクに下剤を混ぜて、嵐寛寿郎さんからそいつに渡してもらったことがある。恐縮して飲むのはいいけど、凄い効き目でね。トイレもないロケ場所ですから雪の中で座り込んで用を足していたよ」

部屋中が爆笑の渦となったその翌朝、カメラマンが「健さんの浴衣姿が撮りたい」と言いだした。流れからいって、たしかにいいチャンスにも思われた。カメラマンは「ちょっと二階の部屋から顔を出してもらうだけでもいいので」と言う。これまで普段着の健さんを撮影したことはあっても、浴衣姿は一度もない。断られるかと思いながらお願いしてみると、

「いいよ。じゃあ、すぐに撮っちゃおう」

あのおばあさんのご利益だろうか。健さんはあっさり承知し、顔を出すだけでなく窓の欄干に座って足を伸ばしたくつろぎのポーズまでとってくれた。

昼すぎ、私たちは旅館を後にした。健さんは見送りに出てきたおばあさんに、自分の名刺を渡しながら、

「何か困ったことがあったら、いつでも連絡をください。すぐに駆けつけますから」

そう言って手を握った。おばあさんは大事そうにそれを着物の胸元に差し入れた。

それから刀匠の宮入さんが待つ食事処へ向かった。到着するとすぐに郷土料理が手際よく出されていった。その様子を眺めていると、突然、「うわっ……！」と健さんが低く叫ぶ声がした。大きな汁物の椀の中には、収まりきらないほどの立派な川魚、それが苦悶のさまで大口を開けている。健さんは、その大口をマネしながら蓋を戻し、横に滑らせるように静かに椀を遠ざけた。

健さんは大の魚嫌いである。小学校に上がったばかりのころに肺浸潤をわずらい、滋養のためにと母親が毎日うなぎを焼いて食べさせてくれた。しかしそのせいですっかり魚が苦手になった、と以前聞いたことがあった。思いのほか取材が順調だったこともあり、昼食の椀物を確認することまで気が回らなかった。

もちろんそれで怒るような人ではないけれど、魚一匹にたじろぐ健さんを見るのもまた愉快なことであった。

初心から十年目の恋愛話

初心忘るべからず、時々の初心忘るべからず、老後の初心忘るべからず。

これは世阿弥の有名な言葉である。『婦人画報』（婦人画報社、一九九五年一月号）の仕事で、晩年の白洲正子さんと京都を旅したとき、白洲さんは大きな目をぎょろりとさせながら、私にこう教えてくれた。

「初心とは未熟なときのことです。今ある自分の立ち位置を自覚するためには、初心を忘れない工夫が要る。ものごとの始まりにも、そのあとの折々にも、そして老後になっても、初心というものが必要、そう世阿弥は言っているのよ」

一九八五年、映画『夜叉』のクランクアップで健さんに花束を手渡してから、私は都わすれやツバキの花を自宅の庭で育てるようになった。白洲さんの言葉を聞いてからというもの、健さんに会う日は、「未熟さを忘れるな」と思いながら季節に咲く花の枝にハサミを入れていた。

一九九五年、健さんはNHKドラマ『刑事～蛇に横切られる～』（脚本・早坂暁）に主演した。テレビドラマへの出演は珍しく、一九七七年のTBS『あにき』（脚本・倉本聰）、一九九二年の『チロルの挽歌』（脚本・山田太一）、一九九三年の『これから～海辺の旅人たち～』（脚本・寺内小春）くらいのものである。

私はスタジオに陣中見舞いにうかがう日の朝、庭の咲きかけていた紅いツバキを磁器物に入れて持参した。これも白洲さんが知人を見舞う際、アジサイの枝を一本手折って、花器にすっと投げ入れたのを思い出して、真似てみたのである。

スタジオの重い扉を開けながら、腕に抱えた花器の中でツバキはゆらゆらと揺れつづけた。健さんはメイク直しの最中だったが、スタッフにうながされ、控室でツバキを手渡すことができた。

その日、撮影が終わるまではいられなかったが、家に持ち帰った花はお母さんの写真の前に供えたと後日聞かされた。

『刑事』の撮影最終日、再びスタジオを訪ねて健さんに今後の予定を訊ねると、「今は、とっても旅がしたいねえ」という。この言葉にその場にいたスタッフたちが賛同。「伊豆の温泉へ行く」ことが決まり、どうやら私も頭数に入れてもらえることになった。

伊豆へは全員がロケバスで移動することになり、都内の集合場所に行くと、健さんは自分の車からせっせと荷物を移動していた。もともと自分のことはできるだけ他人の手を借りない人だが、スタッフも顔見知りばかりとあってか、いつも以上にリラックスして見えた。

宿に着くと歓迎の太鼓が大きく鳴り響き、出てきた女将さんの腰に坊主頭の男の子（六歳）がすがりついている。健さんが男の子の名を呼ぶと、子犬みたいに嬉しそうに顔をのぞかせた。そのうち遠慮の垣根は取り払われ、男の子はもっぱら健さんの部屋に居座っていた。夕食の時間を聞きにいくと、男の子は健さんの肩にまたがって、髪の毛をくしゃくしゃにかきまぜている。「いいんですか」と言うと、「かまわない。宿が一番忙しい時間だから、いつもこうして遊んでいるんだ」と笑うだけだった。

もとは蔵だった建物を改築した部屋に夕食の膳が整えられる頃には、学校へ通うために静岡市の母親の実家で生活をしているお姉ちゃんが帰ってきていた。健さんが来るというので女将さんが連絡していたのだった。小学六年になる次女もいつの間にか加わった。久しぶりに無邪気な子どもたちの笑顔にふれ、健さんはいかにも楽しそうだった。

「ちょっと待っていろよ。おじちゃんがうまいものを作ってあげるから」

健さんはそう言って席を立つと、浴衣姿からサマーセーターに着替えて戻ってきた。

「お待ちどお。これから美味しいデザートを作るぞ」

はしゃぐ男の子の口をお姉ちゃんが手でふさぐと、健さんは用意した特製のアイスクリームを取り出して小皿に分け、手慣れたしぐさでブランデーを回しかけた。そこへライターで火を点けると青白い炎がぽっと立ち上がり、姉弟は揃って声をあげた。

これがやりたかったのか、ようやく私も合点がいった。移動中も健さんが、「アイスクリームは溶けないよう、どこに置こうか」「ドライアイスは何時間もつのかな」と、やたらに後部座席のアイスクリームのことを気にしていた理由がこれだった。

たとえ子どもでも、自分を待っていてくれた人にはきちんと応えたい。アイスクリーム一つの演出にも律儀さがうかがわれた。私がサマーセーターをほめちぎっていたからか、わざわざ着替えて現物をプレゼントしてくれたのも、このデザートタイムだった。

伊豆の旅では、健さんは終始ご機嫌だった。インタビューは無粋と思って遠慮していたが、帰途の車中、車窓の景色を眺めていた健さんが思いがけないことを話し始めた。

「今日もサーファーが海に出ているね。ああいう若者を見ていると、時代は確実に変わってきているんだなぁと思う。僕が立派だなぁと思ったのは女優の後藤久美子さん。彼女の恋愛は実に正直で堂々としている。恋人と海外で暮らしていて、仕事がある時にだけ日本へ帰ってくる。公私混同せずにきちんと生きているよね」

そのあと話は、若い頃の恋愛へと流れていった。人は誰でも本音を隠そうとするものだし、それを引き出すには相応の時間は必要なのだろう。健さんだって同じことである。自分自身の苦い思い出を話してくれたのは、初めて会ってから十年目のことだった。

私はそのときの話を『週刊プレイボーイ』（集英社、一九九五年七月十一日号）に掲載させてもらったが、あらためて内容の一部を紹介する。

大学の3年、20歳の頃に「一緒に暮らしたいなぁ」と思う女性がいました。女優になりたいという夢を持った人ですが、僕は「女優になるなら付き合わない」と彼女に偉そうに突っ張りました。卒業後、九州の家に帰って二人の事を親に話したんですが、若すぎるという理由から反対されてしまいました。東京へ帰る汽車の中で僕は家を出る決心をしました。

当時は朝鮮動乱の直後で就職も思うようにならず、家からの仕送りも断たれた自分は彼女と暮らすための金が必要で俳優の世界に入ることにしたんです。皮肉な話ですよね。好きな女性を女優にしたくなくって、明大の商学部まで行っておきながら、自分が子供の頃から夢見ていた貿易商を棒に振ってしまうんですからね。

人前で芝居をすることなんか死んでも嫌だった自分です。初めて顔にドーランを塗られた時は涙が出ました。

皮肉なことは続くもので、暮らすだけの金が入ってくるようになった頃には、もう彼女とは終わっていたんですよ。結局、一緒には暮らせませんでした。自分では不器用とは思っていないんですが、器用ではないんですかね。学生の頃、金がなくても遊郭に行ってほっつき歩いていたのに、肝心な時には要領よく話もできなくなってしまうんですからね。

その女性に「いちばん嫌がる俳優の仕事をしたのは、あなたと一緒に暮らしたいからだ」と伝えておけばよかったのに、それをうまく言葉にできず、いつしか心がすれ違っていたんです……。

真正面は鬼門の席

健さんへの取材で、真正面の席はインタビュアーの鬼門の席である。そこに座ったインタビュアーは調子がつかめないままタイムアウトになってしまうことが多いからだ。

私自身体験し、そんな場面を目にしたこともある。一九九六年、全日空の機内誌『翼の王国』のインタビューを仲介した。編集長は約束の時刻よりも早く現れた健さんに、あわてて、ともかくも目の前に座った。そしてライターのSさんは二人を底辺とするトライアングルの頂点に腰をすえた。

編集長は挨拶のあとで企画の趣旨を説明し、世界各地を旅した自身の体験談を披露しはじめた。傍で見ていると健さんはただうなずいているばかりである。二時間があっという間に過ぎた。私ははらはらしながら腕時計を見ていたが、編集長は魅入られたように話に集中し、気にかける様子もない。

これで原稿が書けたら天才だろうな、そう思っているうちに約束の時間はすでに一時間もオーバーしていた。仕方なく終了をお願いすると、編集長は「今日はたっぷり話ができました」と喜んでいたが、Sさんのことが気の毒に思われた。

帰り際、健さんは「これで原稿になりますか」とSさんに尋ねた。取材の間、気をもんでいるのか何度もペンケースを手にしていた彼は「頑張ってみます」と答えた。

けれどやはり無理があったようで、数日後、編集長から「何とかもう一度、お時間を」と電話があった。健さんは、「あれでは無理だろうね」と笑って快諾してくれた。仕切り直しは健さんが「三百六十五日食べても飽きないほど好きだ」という中華料理を食べながら、Sさんもだいぶ親しく話ができたようだった。

数日後、機内誌の原稿が届けられた。そこには健さんの直接のコメントはまるでなかったが、全体に健さんの〝気〟を漂わせるというハイレベルなものだった。しばらくたってから二本目の原稿が届けられ、これまた健さんが好きなポルトガルを舞台にした素晴らしい出来で、いずれも機内誌に掲載された。

二本目に書かれた文の中に、こんなくだりがある。

はじめて会ったときに直感したのは、関係に尽くすひとだということだった。一期一会ということに体を張っている……、与えることをよろこびとしている……。(中略)そのひとが親しい付き合いにどれくらい全力で尽くすかについては、いくつもの逸話がある。友人にどうしても贈りたいものがあって、ロサンジェルスまで買い物にいって映画を一本だけ観てトンボ帰りしたという話も読んだことがある。(中略)どうしてそれほどまで関係に尽くすのか、その心理について詮索をする気にはなれない。ただ生の実相を観たあとで、ひとはむしろ晴れやかに献身するのではあるまいか。どこまでいっても自分に執着するブルジョア的な生き方に比べて、それは貴族の無欲といってもいいだろう。

一度ならず二度にわたった取材の謝礼は、「健さんは旅に出ることが多いと聞き、いつでも、どこへでも使える一年間有効の航空券」が用意されていた。

この年、健さんは「ラーク」のCM撮影のため、ロサンゼルスへ向かった。ニューオリンズへの移動も挟んで、十日余りで二本分を製作する過密スケジュール。その合間を縫って、また健さんは〝終の棲家〟探しに行ったらしく、ホテルへ戻ると上機嫌で、「書斎に大きな本棚があって、厩舎もあって。ああいう所で暮らしたい」と話してくれた。

続けて、「ボッテガ・ヴェネタ（イタリアの高級革製品のブランド）の店へ行ったら、『翼の王国』の彼らが気に入ってくれそうな自転車があったので買った。それを送りたいから、二人の住所を教えてほしい」と私に言った。

帰国して間もなく、編集長からいつもより高いトーンで電話が入った。

「高倉さんから自転車をいただきました。部屋に飾って眺めているばかりです」

それからしばらくして、再び編集長から電話があった。

「実はお礼に贈った航空券が戻ってきました。『海外ばかりウロウロしているように思われていますが、そんなに遊んでばかりいられない身分です。無駄になってはいけませんからお返しします』とのことでした」

その航空券は、そのまま編集長のデスクの中に〝記念品〟としてずっと収められていたという。

マタドールの義理と人情

一九九八年秋、健さんはCM撮りの仕事でローマにいた。定宿から少し離れたところにコーヒー好きの健さんがくつろぐ店があり、日没どきには、オレンジ色の夕陽に古都の街並が浮かび上がる。仕事が終わった解放感もあったのか、健さんは仲間たちを誘ってコーヒーを飲みに外出した。

この頃の健さんは、二杯目のコーヒーを滅多にオーダーしなくなっていた。体調管理のためらしく、エスプレッソやカプチーノの一杯を、時間をかけてゆっくり味わうのである。話が長引くと、ミネラルウォーターに氷を入れずに常温で飲む。日本のミネラルウォーターが好きで、それを常備しておくのもスタッフの心得の一つとなっていた。

この日も、エスプレッソの脇にミネラルウォーターが添えられていた。めずらしく健さんのボルテージが上がり、話は長くなっていたのだ。

「ここへ来る飛行機の中で、同じ映画を三度観て、その度に同じシーンで涙が出たねえ」

その映画は、この年公開された『シティ・オブ・エンジェル』。天使セス（ニコラス・ケイジ）と、心臓外科医マギー（メグ・ライアン）の悲しい恋物語である。有能な心臓外科医である彼女が誤って患者を死なせてしまう。一人の人間として悩み苦しむ女医に天使セスは恋をする。健さんも映画の中のマギーに惹かれてしまったのだという。

「天使は彼女にふれたいがために、永遠の命を捨てて人間になる。休暇をとって旅に出た彼女を、ヒッチハイクまでして捜し当てる男の一途さ。二人が結ばれた翌朝、男はシャワーを浴び、女は男のために朝食の用意をしている。何気ないシーンなんですが、観るたびに泣けてきたね」

映画を観ることで、映画から放たれる〝気〟を感じとる。それが本物であればあるほど次回作にのぞむエネルギーを得られる、と健さんは考えていた。

ちなみに好きな映画の話になると、必ず健さんの口から出てくる作品は『ゴッドファーザーI』（フランシス・F・コッポラ監督）である。その理由を、ラジオ番組『高倉健旅の途中で…』（一九九六年放送）で語っている。

「自分は劇団などでアカデミックな演技の訓練を受けたことがないので、自分が観て感動した映画や芝居の演技が一番の手本です。たとえば『ゴッドファーザー』では、イタリア移民の悲しさを一人で背負ったような、主演のマーロン・ブランドの演技です。路上で撃たれて入院している父（ブランド）を息子（アル・パチーノ）が見舞うシーンでは、意識不明なのかな、と最初は思っていたんですが、何度も観ているうちに、彼が涙をすっと一筋流していることに気がついた。芝居って何なのかな、そのシーンを観るたびにそう感じます。何も動かない、目を瞑ったまま、ただすっと流れるその一筋の涙が、あんなに強いとは……」

ローマの街に夕陽はまだ差していたが、風が冷たくなってきた。どこかで教会の鐘が鳴るのを聞きながら、健さんはこうつづけた。

「ローマは人にものを考えさせる街だね。以前に読んだ『さもなくば喪服を』という物語を思い出したよ。貧民街出身のマタドールは、目一杯、観客を楽しませてから牛にとどめを刺す。だから彼はスターでいられるんだけど、哀しい人生だと思った。飯を食うのに命を賭けるしかない。スターとしてまつり上げられるほどに強い牛をあてがわれ、死を覚悟して闘牛場に立つ。読んでいたら『自分も同じだな』と思いました。金のため、命を削って生きていることでは同じだよね」

命を削っていく生業だからこそ、自分のボルテージが上がるスタッフたちと一作品を全力で走り抜けたい――事あるごとに健さんはそう語っていた。

*

この翌年、健さんは『鉄道員《ぽっぽや》』（一九九九年）に出演している。東映映画はじつに十九年ぶりのことで、定年も近い映画屋気質の男たちの願いが、ようやく通じたかたちだった。

それぞれが寝食を忘れてクランクインを待っていたが、健さんへの出演交渉には東映大泉撮影所所長（当時）の坂上順さんがあたっていた。映画『ゴルゴ13』（一九七三年）、『新幹線大爆破』（一九七五年）、『動乱』（一九八〇年）などで共に仕事をした辣腕プロデューサーで、健さんとのつきあいは古い。その坂上さんが、じつに十九年ぶりに動いたのだった。

きっかけは前の年に、健さんから届いた一通の手紙だった。俳優として初めての紫綬褒章を受章したとき、扇とともに関係者へ送ったもので、こんな言葉がつづられていたという。

「『寒青』とは凍てつく厳寒の中で、
松だけは凛然と、その緑を湛えて、
見る人の目を和ませている。
厳しい人生でこの松のように、
かく生きたいという意味の
有名な漢詩の一言だそうです。
好きな言葉です。　高倉健」

以前から坂上さんのもとには、多くの映画屋たちから「健さん映画の企画」が寄せられていた。『鉄道員』もその一つで、お祝いの手紙の中で『鉄道員』の話に触れてみたが、はっきりした返事がもらえずにいた。紫綬褒章受章を機に直接、話をする機会を得た坂上さんは、

「ご存じのとおり、映画界には活動屋とよばれる職人がいます。映画を量産していた時代の、定年間近の東映撮影所で働く職人たちが、『健さんで、映画にできないでしょうか』、そう言って持ってきたのがこの『鉄道員』です。待つこと、夢見ることだけの男

たちの願いを、聞き入れてはいただけないでしょうか」

断られるのは覚悟の上でこう健さんに話したという。映画職人たちの願いに、健さんは動かされた。

「映画はカッと熱くなるものがなければ何年やらなくてもいい、僕はそう決めています。でも『鉄道員』に出演できて幸せでした。とても素晴らしいボーナスをもらったような気がします」

私はこのロケの模様を『婦人公論』（中央公論新社、一九九九年六月七日号）に掲載した。そのころ健さんはコマーシャルの仕事が多く、「スチールは十文字美信さん」とほぼ決まっていた。私はフランスでの撮影で十文字さんと面識は得ていたものの、雑誌の仕事は滅多に受けないと聞かされていた。が、練りに練ったラフを描いて十文字さんを訪ね、「東映時代をともに歩んだ活動屋たちと健さんを撮ってほしい」とお願いすると、意外なほどあっさりと承諾してくれた。

「クランクアップの日、特別に撮影したい」と坂上さんに話をしてみたが、やはり答えは「NO」。クランクアップの日は大勢の関係者でかなり混雑する。そんな大がかりの撮影は困るというのだった。

私はいつも健さんの仕事の前に、江利チエミさんのお墓参りをしていた。この時も、私は朝十時ごろにお墓に行った。その墓前には磨き抜かれたグラスが置かれ、中にロックアイス、琥珀色のウィスキーが注がれていた。氷の溶け具合からみて供えたばかりのように思えた。近くに健さんがいるのではと思って人影を探したが、あたりはひっそりとしていた。

私は「これほどに故人を偲ぶお墓参りを見たことがありません。これこそが人を想うということなのですね」と手紙に書き、併せて撮影プランのお願いをしたためた。

間もなく坂上さんから、「撮影をお受けしましょう、と健さんが言われています。あなたの手紙を見て、健さんの心が動いたようです」と連絡があった。思いもかけない言葉にまた胸が熱くなった。

一九九九年三月二十日午後六時五十分、東映撮影所にて。撮影・十文字美信——私にとって最も思い出深い写真となった。

男の顔が変わるとき

男性俳優だけでなく、女優にファンが多いのも健さんの特徴かもしれない。

今から二十年ほど前、映画『四十七人の刺客』に主演する〝高倉健〟がテーマの特集を『アサヒグラフ』に掲載することになった。これまでの共演者の中から、奈良岡朋子さんに取材をお願いした。所属事務所で話を伺うことになっていたが、約束の時間より前に来ていた奈良岡さんは、こちらの取材目的を聞くや、開口一番、こう語った。

「私が高倉さんのファンになった理由は、顔、なんです。三十歳を過ぎてどんどん大人の顔になり、四十代、五十代では男性的で独特の魅力を持つようになりましたよね」

三十代初め、健さんは任俠映画の原点となった『暴力街』（一九六三年）で主演を務めている。それまでの二枚目ふうのマスクに徐々に渋さが加わっていく。三十八歳の時に世田谷の自宅が火事で全焼、四十歳で離婚という苦しみを相次いで味わう。その一方で仕事はいよいよ忙しくなり、『新幹線大爆破』『八甲田山』『幸福の黄色いハンカチ』『冬の華』などに立て続けに主演した。そして五十代になると、元妻の江利チエミさん、そして母親と死別。あえて自分の身を過酷な状況に置く仕事ばかりを選んだ時期もある。『駅　STATION』（一九八一年）、『海峡』『南極物語』などである。

奈良岡さんが言うのはあくまでスクリーンでの顔の変化だが、現場で共演したのは、冒頭でふれた一九八五年の『夜叉』、つまり五十代の高倉健ということになる。

「撮影は一日だけ。ちょうど舞台の準備で忙しくしていた時で、『その間を一日だけ縫ってやるだけのことがあるかな』と迷いました。『どなたがお出になるのかしら?』と尋ねたら『高倉健さんです』と。高倉さんとの絡みは二シーンだけという話でしたが、一度は面と向かってお会いしたいと思っていたので、一も二もなく承諾しました」

奈良岡さんは撮影の日を心待ちにしていたという。

「初めてお会いしてびっくりしたのは、高倉さんの眼。撮影のテストをしていても、黒い目玉までくっきりと見える。芝居をしてもきちんと目線を送ってくる役者さんで、斬り結びあい、というのか、私は仕事では結構厳しい目で相手を見るのですが、ああいう眼の人には滅多にお目にかかれません。『この人は大変な役者だな』と思いました」

二人での撮影はあっという間に終わり、奈良岡さんが残りのカットを撮り終えた頃、とっくに帰ったものと思っていた健さんが出てきて、「おつかれさまでした」とお礼を言いながら、送り出してくれたそうだ。

「奥ゆかしくて、さりげない。そこが人の心に夢を持たせてくださるんです」

長い役者人生で、そんな気持ちにさせる人は、そうはいないという。奈良岡さんは、感謝の気持ちを海外で見つけた小さなデミタスカップに託してお返ししたそうだ。

*

もう一人、俳優高倉健の顔の変わりようを語った人がいる。降旗康男監督である。『夜叉』で監督に初めて挨拶してから十二年後、一九九七年のことだった。

降旗監督と健さんの初仕事は美空ひばり主演の『青い海原』。東大仏文科を卒業して東映に入社、助監督になったばかりの頃である。健さんはロケ地の横浜で、「撮影所のオープンセットに帰って夕景の撮影をするまで」と、ひばりさんの実家である寿司屋へ招かれた。

「夕景撮影に遅れないようにするのが僕の役目。つけ馬ですね」

降旗監督は当時を思い出しながら、そう言って笑った。ひばりさんのお父さんが握る寿司と酒に盛り上がるスタッフとは裏腹に、早期退散で一致して目くばせを交わしたのがおつきあいのはじめだったという。

八作品で助監督をつとめた降旗監督によると、

「東映にいながら東映の映画はあまり見なかったんですが、ひさしぶりに『日本俠客伝』を見た時、『顔が変わったなぁ』と感じました。それまでの優男の顔から、男の顔になっていたんです」

奈良岡さんが語った「どんどん大人の顔になっていった」、その時期と重なる。

『日本俠客伝』一作目は健さん三十三歳のときの作品で、同映画のプロデューサー俊藤浩滋氏は、「(『暴力街』の)ラストで健ちゃん扮するやくざが槍の穂先に晒《さらし》を巻いたのを手に殴り込むシーンは、強烈に印象に残っている。『日本俠客伝』の主役に決めたのもそれがあったからだった」と、『任俠映画伝』(山根貞男氏との共著、講談社)で語っている。

その後、『日本俠客伝』シリーズ(一九六四〜七一年、十一作品)、『網走番外地』シリーズ(一九六五〜七二年、『新網走番外地』を含め十八作品)、『昭和残俠伝』シリーズ(一九六五〜七二年、九作品)と、シリーズものが立てつづけにヒットをとばし、俳優としての地位は不動のものとなっていったのである。

＊

こうしたヒットの陰には立役者がいるが、『新網走番外地　さいはての流れ者』、『昭和残俠伝』（シリーズ中五作品）でメガホンを取った佐伯清監督もその一人。佐伯監督はこの頃、東映宣伝部が制作した『高倉健　男の世界——昭和残俠伝』に次のような内容の原稿を寄せている。

私が最初の『昭和残俠伝』を監督したあのころ（昭和四十年）、『日本俠客伝』がヒットして健さんとしては此処でスターとしての健さんの足場を、がっちり築いておきたい、一番大事な時だった訳です。所が、私は丁度そのころスランプ気味で、これは私自身の性格から来るものですが、どうも出来上がった映画がぱっとせず、自分で自分にくさっているときで、仕事の数も少くなっていました。そんな状況の中で、男くさい男の映画を健さんは私と組んでやってくれた訳です。

佐伯監督はその男気に応え、「精一杯、男くさい男の映画を作ってやろう」と頑張ったそうだ。それが唐獅子牡丹の刺青と主題歌で知られる『昭和残俠伝』である。池部良演じる風間重吉と高倉健演じる花田秀次郎の「殴りこみ道行き」のラストシーンは、「義理と人情のしがらみを究極までぎりぎり追い詰めていって、どうにもならなくなるやくざの話」(前出『任俠映画伝』)で、多くの男たちの血をたぎらせた。

それまでの『日本俠客伝』シリーズは大半が東映京都撮影所で製作され、時代劇的な要素が強かったのに比べて、東京撮影所が生んだ『昭和残俠伝』シリーズは現代的な義理と俠気の世界で人気を呼んだ。少し長くなるが、佐伯監督の回想を続ける。

健さんは完全に庶民のヒーローである。(中略)栄光の世界とはほど遠い、底辺の泥まみれの世界であろうと、その泥まみれの中でせめて人間らしく生きよう、人間らしくあろうとする健さんのひたむきな姿、その姿は、多少ごつごつしたり、ぶきっちょであったり、決して華麗であるとは言えませんが、或るときは悲しく透明であったり、或るときは淋しく灰色であったり、その一途な姿に観客は、心からの拍手を送る。(中略)

健さんの演じる人間像、その諸々の人間たちが醸しだす美しさは、全部といっていいほど、一途不退転の美しさではないでしょうか。（中略）今日のように複雑な社会機構や人間関係の中で、己の正しいと信じる途に、損得の計算を抜きにして、ただ一途に生き通すこと。（中略）それを一つ一つ乗り越えて、脇目もふらぬ姿、こんな姿を演じる健さんには、作らない自然さが感じられて、思わずフィクションの世界をあたかも現実の世界であるように感じさせて呉れます。

佐伯監督の綴った結びの一文が、高倉健の顔の変わりようと重なる。「作らない自然さ」とは、裏を返せばスクリーンで器用に演じるのとは別種の能力であり、役柄自体がその時の高倉健その人ということである。他人には語らない辛苦が、その顔つきに深みを増したのだろう。

どれだけ製作費をかけていても、ギャラのために何本も仕事を抱えて演じれば、どうしても薄っぺらになる。公開される前に、テレビで楽屋裏を見せてしまう宣伝方法にも問題がある。若いタレントが主演する映画の試写を観た私が、「スクリーンが透けて忙しいタレントの顔が見える」と言うと、映画会社の宣伝部には苦い顔をされるが、最近、そのテの映画が多すぎるのではないか。

『地獄の掟に明日はない』（一九六六年）からはじまり、『新網走番外地』（シリーズ中六作品）、『冬の華』『駅』『鉄道員』など健さんの映画二十本のメガホンをとった降旗監督も、佐伯監督と似たようなことを言っていた。

「怒られるかもしれないけど、健さんは俳優として半分が玄人、半分は素人だと思いますね。だからこそ共演者に触発され、思いもかけない熱を発し、結果的に凄い仕事をするんじゃないでしょうか。『八甲田山』の北大路欣也、『ブラック・レイン』でのマイケル・ダグラスのような存在は健さんには必要不可欠です」

共演者に触発される、ということについては、当の健さんが雑誌のインタビューでこう答えていた。

「いい映画には役者が発する気が現れている。役者同士がぶつかる火花と言ってもいい。『夜叉』って映画のなかで、僕が元の子分だった（小林）稔侍を殴るシーンがあって、そこであいつがほんとにいい芝居をしてくれました。こっちも体がかーっと熱くなって、台本にはなかったけれど、思わずポケットから白いハンカチを出して、唇の血を拭けって……。（中略）僕は本格的な演技の勉強をやったことがないんです。監督さんに教わったり、自分で演技書を読むくらいのことしかやってない。

だから僕の芝居は自分が好ましいと思う俳優さんとか監督さんの映画を観て、それを真似してるようなものなんです」（『プレジデント』、プレジデント社、一九九六年三月号）

水面下の努力

降旗監督の『駅』は、射撃選手としてオリンピックに出場した経験を持つ刑事の話で、倍賞千恵子さんとの共演は、二人のロマンスも噂されるほどの艶のある名シーンを生んだ。このときのことをこう振り返っている。

「いいものができるときって、いろんなものが重なる。（中略）倍賞さんと恋をしていたように錯覚してしまう。嗚呼、これは映画だったんだぁ。倍賞さんは結婚していらっしゃったよなぁ（笑）。優れた腕利きの人達が、ちゃんとした大人を錯覚させてしまうんですから。それがやっぱり映画なんじゃないですか」

「あのあと何度か観ましたけど、倍賞さんはすごい女優さん。昔、マキノ雅弘監督が、『健坊。芝居は変化やで。変化がなければ何もおもしろくない。ぱっと白から黒へ変わるところが、俳優の見せ場なんやで。そこにお客さんは拍手するんだ』と。倍賞さんが（恋人を）駅に迎えに来ていて、駅員に『残念でした』と言われるシーンのあの格好。メイキャップもしていないように見せる、あのメイキャップ、色の選び方。夜の商売（居酒屋）で客を待っているときの格好、駅のものとはガラリと違う。男は今年のクリスマスにも、紅白歌合戦の時期にも帰ってこない。何となく摘まんでみようかと思う男がきた、というときの衣裳や髪形、メイキャップの変え方。（中略）まるで別人ですよ。同じ人とは思えない。あれがいい女優というんでしょうね」（一九九八年四月十六日放送、ＮＨＫＢＳ2『真夜中の王国』）

やはり降旗監督は、俳優・高倉健の本質を知る数少ない映画屋なのだろう。

「以前、あるテレビ局から健さんを開局記念番組のドラマに出演させてほしい、という話がきました。五十代で警察の第一線で活躍している刑事の話で、脚本がどこか不自然だというので何度洗い直してみても、まだどこかがおかしい。よくよく考えると、高倉健がこの刑事だったら、若いうちに組織と喧嘩をするか、自分から辞めてしまって、他のことをしているだろう、という考えに行きついたんです」

降旗監督は「このようにして消えてしまう幻の作品は数限りない」と飄々と語るが、

水面下での努力は計り知れない。

降旗監督の『居酒屋兆治』（一九八三年）の製作裏にはこんなエピソードがある。

ある日のこと、降旗監督は、「芥川賞作家の丸山健二さんの雑誌『新潮』に載った『ときめきに死す』は、健さんの映画になるかもしれない」と映画人からの電話を受け、バックナンバーを求めに出版社を訪ねた。受付で待っていると、たしか山藤章二さんの絵が印象的な装丁の新刊が、ワゴンに積まれて前を通っていく。「あれは?」と聞くと、「PR誌『波』に連載された山口瞳さんの『居酒屋兆治』で、面白いですよ」と言うのでそれも求めた。兆治は、健さんだった。

健さんは自著『あなたに褒められたくて』（集英社）で、降旗監督についてこうつづっている。

「降旗康男監督とは、あの人が助監督さんのときからですからね、もう三十年になりますね。（中略）降旗監督が走った姿や、威圧感を感じさせたり、怒鳴ったりする姿を見たことないですよね。大声出したことも人から聞いたこともないんですよね。だからといって、人を突き放しているのではなくて、俳優のことも、小道具のことも、大道具や照明のことも、衣装のことも、きちっと見てくれているんです。認めてくれるから、それぞれの人が、それぞれの場で、よりよいものを求めて、必死で駆け回る。（中略）あの人の映画に参加できた人は、どのパートの人間でも、自分の今後の行く先に灯りをともしてもらったような気持ちになるんじゃないでしょうか」

小林稔侍さんとベンツ

一九九九年、ラジオ番組『旅の途中で…』の打ち合わせの席で、健さんがこんな話をはじめた。

「先日、沖縄の空に散っていった特攻隊の青年たちの話をテレビで観ました。あの頃、鹿児島の知覧という町に陸軍特攻隊の基地があり、二十歳そこそこの青年たちが、沖縄や南方の空に向かって飛び立ち、敵艦めがけて若い命を散らしていったんです」

太平洋戦争末期、知覧で特攻隊の青年たちを優しく世話した富屋食堂の鳥濱トメさんのことは、近年よく知られるようになった。トメさんは若い特攻隊員たちから「お母さん」と慕われ、ある隊員は、「みごと敵艦を撃沈したら、ホタルになって帰ってくる」と約束して出撃していったという。

そのエピソードについて、健さんはラジオ番組の中で感想を述べている。

「凜々しい、とはこういう青年たちのことを言うんだと思います。一点の曇りもなく、死を決めている姿。人間の持っている、命の燃やし方。若い特攻隊員、二十歳になるかならないかの青年が、『明日、自分の魂はホタルになって帰ってきます』と言って出撃していく。明日死ぬ青年の口から、一体どうしたら『ホタルになって』という言葉が出るんだろうか。僕はこの言葉に感動します。トメさんから心をもらった、ときっと本人は感じたんでしょう。だからホタルとなって戻ってきた。鳥濱トメさんに対する礼節ということなのかなと思います」

そのテレビ番組を観ていないスタッフのためにVTRを取り寄せると、それを観たスタッフのあいだから「映画で観たい」という声が上がった。そして健さんの胸にも、「いつかは忘れ去られてしまうことでも、映画なら残していける。今だからこそ、語り継がなければいけないことを映画にしよう」という思いが湧き起こったのだ。

こうして船出したのが映画『ホタル』だった。健さんは鹿児島の漁師（山岡）役。山岡は終戦間際に特攻隊として知覧から出撃したが、役目を果たせずに帰還。恋人を特攻で失った女性と結ばれ、病身のその妻を力強く支えて生きている。心に深手を負った二人の出会いと運命を描いた作品は高い評価を得た。『鉄道員』と同じく降旗康男監督とのコンビで、日本アカデミー賞の主演男優賞にノミネートされたが、「後進に道を譲りたい」という理由で健さんが受賞を辞退したことでも話題になった。

以前、健さんは映画『鉄道員』に出演した理由について、「人々の思いに自分の心が動かされていった」と語っていたが、その意味では、このラジオ番組も『ホタル』が実現したきっかけの一つであったのかもしれない。

私は『ホタル』のロケ現場となった鹿児島の垂水、知覧、長野の松本、神奈川の真鶴、そして韓国の河回《ハフェ》を訪ねた。どの現場でも、共演者の小林稔侍さんが、自分の出番がないのに、スタッフに混じり立っていた。

健さんの『あなたに褒められたくて』には、小林さんについてこう記されている。

「稔侍は不思議なんです。僕が、とってもつらいときとか、悲しいことがあったとき、具合の悪いことが起きたときに、たとえば火事になったときとか離婚したときとか、いつもいるんですよ」

撮影の合間に、小林さんに健さんについての取材をお願いした。小林さんは、「すべての撮影が終わったところでなら」と、快く応じてくれた。

二〇〇一年の春、映画のクランクアップを迎えたある日の午後、都内のホテルで小林さんに会った。俳優として長いキャリアを持つ彼もまた、ご多分に洩れずたいへんな映画少年だったという。

「小学生から中学生までが、人生で一番、映画を観たんじゃないかな。和歌山の田舎町にあるオンボロ映画館で、上映中でも舞台に上がってスクリーンをさわった。裏に回ってさわったりもした。その劇場では、下駄を脱いで畳に座って映画を観るんですが、下駄は自分の右側に置く。誰かに下駄を盗られそうになっても、右手だととっさの時にぎゅっと力が入って取り返せるからね。モノのない時代の親のしつけのひとつでしたね。僕はいつもそうやって高倉さんの映画を観ていました」

小林さんが初めてスクリーンの健さんを観たのも、この劇場だったそうだ。健さんのデビュー作『電光空手打ち』（一九五六年、津田不二夫監督）である。

「カッコよかったです。でも、高倉さんは地味でした。芝居も顔も。人の前に出てきて、過剰な芝居をしない。僕はそこが好きでした」

小林さんは早くから東京に憧れ、地元の県立高校を出た後、地図と磁石を持って夜行列車で上京。新幹線も通っておらず、蒸気機関車と電車を乗り継いで何とか東京へ着いた。「東京は、今の自分が外国に行くことよりも遠い〝都〟でした」と小林さんはふりかえる。

それがひょんなことから、東映第十期ニューフェイスに合格。二十歳の小林青年は学ランに運動靴姿で六本木の俳優座に預けられ、その後、東映東京撮影所に配属された。同期生十八名で健さんの控室に挨拶に行ったときのことは、今もよく覚えているという。

「部屋はぎゅうぎゅうづめで、僕は一番後ろにいて、みんなの頭と頭の間に見える高倉さんに向かい、何度も必死で頭を下げました。ああ、この人が健さんか、という思いで胸が一杯になり、あとでがっくりするくらい疲れました」

だから健さんの映画『いれずみ突撃隊』（一九六四年、石井輝男監督）に出られた時は夢のようで、できるだけ近くにいたいと思ったそうだ。撮影所に入る健さんを出迎える関係者の列に加わり、帰る時にも同じようにして見送った。

その頃すでに大スターの健さんは映画会社の車で送迎されていたが、その車に乗り込む健さんに「おい、乗れよ」と言われた。

「今なら助手席に座る作法ぐらいはわかりますが、まだそんな気の利いたこと知らないし、慌てて後部座席の健さんの横にちょこんと座りました」

車が世田谷にある自宅へ着くと、健さんはすぐにベンツに乗り換え、小林さんを乗せて辺りをひと回りしてから戻ってきた。それから今度はジャガーに乗り換え、行きつけの英国式テーラーに連れていってくれたそうだ。

「高倉さんが、『おい、稔侍。ここはしっかりした服を作るんだ』と教えてくれるのですが、僕は『そうですか』と答えるだけで精一杯でした」

そのとき仕立ててもらったジャケットは、故郷の父親にプレゼントした。

「洋服の仕立職人だった父はそれを自分に合うように直したのですが、そのとき『しっかりした作りをしてるわ。自分は、とてもこんな風には作れん』と褒めちぎっていた。肘が抜けるとうまくつくろい、八十二歳で死ぬまでとても大事にしていました」

その洋服屋からの帰り道、健さんからこんな質問をされたという。

「稔侍、お前はベンツとジャガー、どっちが好きだ？」

「ベンツのほうが好きです」

小林さんは両足を踏ん張ってそう答えたという。なぜなら、ベンツもジャガーも名前すら知らなかったから。すると健さんは、

「そうだよな、ベンツのほうが男っぽいもんな」

そのとき小林さんは心に誓ったそうだ。

「将来、俺もベンツかジャガーに乗るぞ！　そう胸をときめかせました。今もその思いはありますが、いまだに乗ってません。長年、高倉さんにお世話になってきて、少々世間様に良くしてもらっているぐらいで、同じ車には乗れません。だけど死ぬまでに一度は乗ってみたいから、還暦になったら考えますよ」

すでにその年を迎えたはずだが、ベンツを買ったという風の便りは届かない。小林さんは最後にこう言った。

「ベンツより先に言っておきたいのは、自分が今日までどうにか俳優の道を歩んでこられたのは、健さんのおかげということです。涙が出るくらいお礼を言いたいこと、胸をときめかせてくれたことも山ほどある。あんまり話していると、四十年間、ひと針ひと針縫った縫い目が一つ一つほぐれてしまいそうなので、この辺で幕にさせてください」

謎の一言と『男としての人生』

色々な俳優をインタビューしていると、「あっ、この人も健さんに影響されているんじゃないか」と思う瞬間がある。

例えば、立ち上がって深々と頭を下げるお辞儀の仕方、野球帽の目深な被り方、ちょっと親しい人に見せるこめかみに手をあてる敬礼などである。

しかし、こと芝居については健さんが後輩に教えることはなかったという。健さんと任侠映画で何度も共演した小林稔侍さんでさえ、「こうやったほうがいい」みたいな直接的なアドバイスは、一度も受けたことがないそうだ。

「『八甲田山』を撮っている頃、高倉さんはいろんな意味できつかったと思います。僕は大して考えもせず、『教育映画みたいな題名で、社会の教科書に出てきそうな話ですね。しんどそうですが、ダンナ（健さんのことをこう呼ぶ）、このシャシン（映画のこと）当たりますか』と聞きました。そのとき高倉さんの口からぽろっと出た言葉、質問に答えたのではなく、あくまで独り言のように呟いた一言ですけどね。たまたま隣にいた僕の耳がキャッチしてしまった言葉、でも誰にも言わないことにしています。言ってしまうと、薄れてしまいますから……。ただ、実にいい顔していたんですよ、そのときの高倉さん」

「大切なことはしゃべらない」ではないが、また小林さんは口ごもる。その一言は推測するしかないが、ともあれ健さんは、それから二度のしんどい冬をまたいで映画を完成させた。小林さんは何かにつけて「稔侍は、しんどい映画には出ないんだな」と健さんにからかわれたそうだが、小林さんのように健さんの間近にいることで何かを吸収したいと思う俳優は、男優、女優を問わず多かったようだ。

＊

二〇〇二年ごろだったか、私は健さんからある依頼を受けたことがある。

「読ませたい人がいるから、あの本をどこかの書店で見つけたら買っておいてほしい」

ということだった。それまでも神田の古本街や図書館で頼まれた本を探したり、貸出期限がある読書は向かないだろうと、全ページをコピーして健さんに届けたことがあった。

そのとき探していたのは、『男としての人生　山本周五郎のヒーローたち』（木村久邇典著、グラフ社）という、山本周五郎の小説の主人公についてまとめた本である。木村氏はそのまえがきでこう綴る。

「山本周五郎は天性の小説家である。（中略）『ながい坂』は、あきらかに山本周五郎みずからの、過ぎこし方の自叙伝でもあった。（中略）山本周五郎は、〝自分〟というきわめて可能性に富んだ男性を素材とし、小説世界という第二の人生社会のなかで、普遍妥当性ある生き方を徹底的に追究しようとしたのではなかったのか」

その本について、健さんはラジオ番組『旅の途中で…』の中で次のように話した。

「先日、自分の家の本棚を眺めていて、擦り切れている背表紙の本が何気なく目に入った。木村久邇典さんの『男としての人生』という本でした。（『南極物語』の撮影地）スコット基地には、小さなデイパック一個しか持って入れなかったんですが、この本を詰めていったんですね。持って行ったことすら忘れてしまってたんですが、懐かしいなと思いながらページをめくって、一番最後を見ると、いろんなことを書いているんです。忘れたくなかったことなのか、何でこんなことを書いたのかわからないのですが、〝マックマード〃という米軍の基地の名前とか、〃ケープクローディア〃という危うく遭難しかけた岬の地名とかも書いてあります。それをめくっていると、本文中に赤で傍線が引っ張ってあるんです。『苦しみつつなお働け、安住を求めるな、人生は巡礼である』。凄まじい言葉だと思います。『人間の真価は、棺を覆うたとき、かれがなにを為したかで決まるのではなくて、なにを為そうとしたかだ』――『南極物語』は一九八三年の封切りですから随分前のことなんですが、当時迷っていた自分がこうした言葉に励まされ、勇気を貰っていたんだと思います」

健さんは自分一人だけが所属する事務所の代表者で、日頃から「若いやつを入れるほどの甲斐性は自分にはない」と言っていたが、それでも健さんを慕う俳優たちは多く、仕事上の相談を受けることもあったそうだ。彼らの悩みを解消するのに役立つだろうと考えてか、自分が感動した本や音楽CDをプレゼントすることもあった。

冒頭の本探しも「『男としての人生』を渡したい人がいる」というのが理由だった。が、あいにく絶版で、古本屋をあたっても手に入らなかった。版元に掛け合うと編集部の保管用から一冊を譲ってくれた。それからしばらくして、また「出版社にもう一度、聞いてもらえないか」と言われて聞いてみたが、もう在庫はなかった。「二百冊の半分を引き取ってくれるなら増刷を考える」ということだった。

私も何とかお役には立ちたいが、本探しもそこまでのことになると判断に迷う。しかも百冊まとめて健さんに引き取ってもらうというのは気が引けたので、「僭越ながら五十冊は私が引き受けますので」、そう伝えると健さんは、

「いや、自分が百冊引き取る。話は決まり。すぐに話を進めてほしい」

と言った。そこで初めて高倉健の名前で増刷を申し入れると、編集者は「この際ですから、思い切って装丁を変えましょう。高倉さんの百冊分は帯もお好きなようにしてください」と懇切丁寧な応対になった。帯には番組で語った言葉から、「家の本棚を眺めていて、擦り切れている背表紙が、目に入りました。当時、迷っていた自分が、この本の言葉に励まされ、勇気を貰っていたんだと思います。高倉健」と抜粋した。

「増刷」した本が私の手元に五冊届けられた。一冊ごとの中表紙に〝一〇一〟から〝一〇五〟までの数字がブルーブラックのインクで記され、「Ken Takakura」の刻印が押されていた。思い立ったら何をおいても実行したいというのは、健さんの性質《たち》なのだろう。ただそれ以降、在庫は十分あるようで、「あの本を探してほしい」という申し出がなくなり、少しばかりさびしい気がしたものだった。

「将軍」に贈った陣床几

一九九四年、映画『四十七人の刺客』のロケ中のことである。東宝の砧撮影所の控室に健さんを訪ねたとき、壁に貼られた紙に気がついた。近づいてよく見ると、赤穂浪士が生きた時代の年表である。「受験生みたいですね」と言うと、健さんは、「企業秘密だから、人には言うなよ」と言いながらその理由を教えてくれた。

「俳優は、毎回試験を受けているようなもの。赤穂浪士が生きた時代に自分が生きていると錯覚するまでになりたいからね。その手段なんだよ」

長年の「企業秘密」はこれ以外にも、ときどき垣間見ることがあった。例えば、「一度約束したら、時間がいくら経とうとも実行する」。そして、「自分のボルテージが上がらない仕事はやらない」。

一九九八年、「前年暮れまで海外で仕事をしていて、この正月は九州でのんびり過ごしている」と健さんから電話がかかってきた。年末から持ちこした風邪のせいで、電話の向こうの声はひどくかすれ、ときおり咳も出ていた。

本来の用事が何だったかは忘れてしまったが、こんな話もあった。

「ゆうべ、ベッドルームの天窓から雨が入ってきて、ベッドが水浸しで眠ることができなくなった」

そのベッドルームは別荘の一階にあり、以前訪ねたとき、スタッフと中をのぞきこもうとしたら、がっしりした錠がぶら下がっていた記憶がある。ヨットの船室を模した屋根はスライド式で、寝転がると空が見える。話によれば、そのスライド部分のゴムが劣化してしまったために雨漏りがしているらしかった。

「それで、夜中に寝袋をとり出してテレビのある部屋で寝ることにした。なかなか寝付けずにいたら、テレビで山下耕作監督の『夜汽車』（一九八七年）が始まって、何気なく見はじめたら、これが実にいい映画でね。途中から正座して、最後は拍手までしていた。それで翌朝、（映画に出ていた小林）稔侍に電話して『お前はいい映画に出ているなあ。うらやましいよ』。そう言ったら稔侍が、『何をおっしゃいますか。監督は僕ではなく、健さんに出てほしかったんですよ。聞こえてますか?』。返事ができずにいると『今の健さんの気持ちを聞いたら監督も喜びます。すぐに電話を差し上げてください』、そう言われてね……」

任侠映画の巨匠、山下監督は、佐藤忠男さんの『日本映画史』(岩波書店)の中で、「山下耕作は重厚な描写で劇的な盛上りに力がこもり、『博奕打ち・総長賭博』(一九六八)や『博奕打ち・いのち札』(一九七一)を悲劇的な格調の高い作品にした」と記されている。『昭和残侠伝　人斬り唐獅子』(一九六九年)、『日本侠客伝　昇り龍』(一九七〇年)、『山口組三代目』(一九七三年)などで主演した健さんとの関係は深く、長い。「将軍」の愛称で呼ばれていた山下監督の撮影現場をなつかしく想い出したのだろうか。健さんはすぐに山下監督に電話をかけたという。

「『素晴らしい作品です、感動しました』と正直に申し上げた。監督は『正月早々、いい電話をもらいました。今年はいいことがありそうです』と言っておられた」

*

この電話からさかのぼること六年前(一九九二年)、私は山下監督を京都のご自宅に訪ねた。目的は、「健さんとの思い出」を伺うことだった。インタビューでは口数が少なかったが、そのときの縁で『アサヒグラフ』（一九九四年八月五日号）に原稿をお願いすることができた。長くなるが、あらためて概要をここに紹介してみる。

健さんと最後に会ったのは一九八八年一月、映画（『海へ』）の撮影でパリに滞在する健さんを訪ねました。雨がしとしと降る中、宿泊先のホテルに行くと、ロビーでばったり池部良さんにお会いしました。健さんは映画に必要な乗馬の練習に出かけているとのことで、メッセージを残して連絡を待ちました。夜になって健さんから連絡があり、すでに私のいるホテルのフロントまで、一人で来てくれていました。

私は恐縮しながらも、さっそく訪問の目的である出演してもらいたい映画があること、そのためにロケハンでスイスまできたことを話し、スケジュール的には問題ないとの返事をいただきました。諸々の事情からその映画は健さん主演では成就できませんでしたが、そのとき健さんが、人間国宝的な方に椅子を作ってもらっていて、それに座るのは私がいちばん似つかわしいので近々届ける、というのです。それから一年余り、私はそのことをすっかり忘れていました。

ちょうど太秦でテレビ映画の仕事をしていたときでした。喫茶室にいた私の傍に小林稔侍さんが大きな紙袋をそっと置いて、「健さんからことづかってきました。大変遅くなって申し訳ありません。人間国宝的な方が病気になられて遅れた由を話し、くれぐれも謝ってくれ、とのことでした」というのです。私にとって大きな感激でした。健さんという人にはかなわない、というのが率直な気持ちでした。

その椅子はディレクターチェアというより、どちらかといえば陣床几ふうのどっしりとした素朴な形で、何とも優雅で木工芸術といえる品物です。（中略）

どの映画でも言えることは、どんな役をこなしても、その役以上に高倉健という人が存在するということです。言いかえれば、それは代わりのいない役者だということです。私は、俳優には、役になりきろうと自分をそこへ近づけていく人と、逆に役を自分のほうへ引っ張り込む二つのタイプがあると思います。しかし、健さんはそのどちらでもなく、独特です。役のほうから高倉健という人にすり寄ってくる。どの映画でも役を超えて高倉健という人が存在すると感じさせる所以です。あるいは常に「男」が存在するといったほうがいいかもしれない。多くの人が、健さんにそれを強く感じている。（中略）

十年ほど前、母が亡くなったとき、出演者のたっての勧めもあって撮影を中断し、私は鹿児島の実家へ帰りました。通夜の席になんとか間に合い、祭壇を見ると高倉健の名札のついた生花が供えられている。翌年の新盆のときも、一周忌のときも私の帰郷より先に線香が届けられていました。

それにひきかえ、自分のお母さんが亡くなったとき、まわりの誰にも知られないように仕事をつづけていたそうですね。母の告別式にも行ってやれない息子としての深い悲しみに耐え、お母さん、ごめんなさいと墓前に頭を垂れる健さんの姿を思い浮かべると、熱いものがこみ上げてきます。

数年前に出版された健さんの随筆集の最後の言葉が強く心に残っています。

「お母さん。僕はあなたに褒められたくて、ただ、それだけで（中略）三十数年駆け続けてこれました。別れって哀しいですね。いつも——。どんな別れでも」

私はここに男の魂の深く大きなうねりを見る思いがします。人間は、肉体と精神と魂の統一体である、といいます。高倉健という人は、まさしく肉体と精神と魂の統一体である、そう私は思います——。

手作りのサプライズ・テープ

一九九四年秋、映画『四十七人の刺客』公開の前日に、「健さん片想いの会」の集まりが吉祥寺のバウスシアターで開かれた。

上映作品はメンバーによるアンケートで『ジャコ萬と鉄』（一九六四年）ときまった。一般的にはあまり知られていないが、深作欣二監督、黒澤明と谷口千吉の脚本によるこの映画は、北海道積丹《しゃこたん》町の神威《かむい》岬を舞台に、樺太帰りの無法者・ジャコ萬（丹波哲郎）とニシン漁の網元の息子・鉄（高倉健）が対決する物語である。

鉄のキャラクターには、この数年前に健さんが演じた『森と湖のまつり』（一九五八年）の主人公の青年と同じような骨太の情熱があった。『高倉健　望郷の詩』（芳賀書店）にはこう記されている。

「昭和三十三年（一九五八年）、健さんにとって二つの大きな出会いがあった。『非常線』におけるマキノ雅弘――現・雅裕――と、『森と湖のまつり』の内田吐夢監督である。二人のベテラン監督は、二枚目スターとしていっこうに芽が出ない俳優・高倉健のなかに稀有な個性をみつめていた。ことに内田監督は亡びゆくアイヌ民族のためにその身をなげ打って闘う青年という大役を与え、いっきょに本格的な俳優へと飛躍させようとまで狙った。本人も意欲を燃やしたようだが、時まだそこまでには到っていなかった」

そのあと内田監督は時代劇『宮本武蔵』シリーズ（一九六一～六五年）をはじめ、『飢餓海峡』（一九六五年）、『人生劇場　飛車角と吉良常』（一九六八年）のメガホンを取っている。一方のマキノ監督は『日本俠客伝』シリーズを中心に〝アウトロー健さん〟の世界を花開かせた。この二人の存在こそが、高倉健という俳優に時代の感情を背負わせ、「ニッポンの顔」に成らしめたといっても過言ではないだろう。

会に参加するメンバーたちへサプライズな贈り物はないかと考えた私は、図々しくも、「来たる『片想いの会』に、何かメッセージをいただけないものでしょうか」と健さんに手紙を書いた。

それから間もなく、健さんから厚手の封書が届いた。ワクワクしながら封を切ると、一本のテープが出てきた。さっそくテープをカセットデッキに入れると、ギター曲が静かに流れだした。結構長く感じられたイントロに続いて、健さんが語り始めた。

今日上映される映画は『ジャコ萬と鉄』と聞いています。六四年の作品ですから、あれからもう三十年という時が流れました。ちょうどこの映画を撮る歳ぐらいから、映画に本腰を入れて取り組むようになった気がします。他に夢中になるものがなかったのかもしれませんが、なんだか自分がもらっているギャラのことさえ忘れて……。

冬のたしか十二月二十日くらいだったと思います。積丹半島の突端でフンドシ一つになって、鉄が海に飛び込んで船を引き揚げるシーンを撮影していたことを、とても鮮烈に覚えています。気温がマイナス十六度、嵐のシーンなので二十メートル近い風が吹いていたような記憶があります。

土地の漁師たちが、健さん、絶対に危ないから、死ぬからやめなさい、というのを強引に撮影してしまって……。撮影が終わってからすごく気分が悪くなって吐いたのを覚えています。あれが映画に対する情熱というのか、自分自身の欲求不満なのかいまだにわかりませんが、ちょうどこの歳くらいから、なにか夢中になって撮影の現場に行きはじめたと思います……。

心が動いたらその事に一心不乱になるということは重々承知していたが、まさかこうも完璧なテープを作ってくださるとは。正直、戸惑いながら嬉しさを噛みしめた。

勝手な推測になるが、私の手紙を受けとったその日から、健さんの頭の中は『ジャコ萬と鉄』でいっぱいになったと思う。北海道の荒れ狂う海で撮影した当時を思い出し、その思いをメモに書きとめては推敲しながら、自分の心に感じる音曲を探す。そして夜が更けた頃に、カセットデッキにテープを入れ、マイクをセットし、録音ボタンを押す。「これでいい」と思うまで、きっと幾度も録り直しをしたことだろう。

サプライズ・テープのことは誰にも話さずに、会を迎えた。会場の照明を落とし、テープをスタートさせた。音楽が流れ、健さんの語りが始まると、場内には驚きの声を上げる人もいた。しかしそれはすぐに静まり、健さんの声に集中した。

『ジャコ萬と鉄』の上映が終わると、一人の青年が近づいてきた。感激の表情で、「健さんの声に感動しました。はじめご本人が会場に来られているのかと思いました」と目を輝かせた。その青年Kさんは建築家で、出版社を介して知り合った人だった。会が発足（一九九三年）したときから毎回参加していて、口数は少ないけれど、いつも率先して暗幕やスクリーン張りをしてくれた。

もともとほっそりしたKさんがしばしば咳きこみ、顔色も悪くなったように見えたのは二〇〇〇年、高倉健の肖像を描いた画家の福山小夜さんの『男の肖像　福山小夜　版画展』のパーティーのときだった。本来、画商の主催で、帝国ホテルで行う予定だったが、折しも衆議員選挙と時期も重なったことで、突如、中止となった。その代わりに私が言い出しっぺで、品川のホテルで開いた小さなパーティーには、健さんからお祝いのドンペリが二本も届けられ、それだけで会場の雰囲気が活気づいた。

Kさんはメンバーのために細々と気づかいをしてくれたが、蒼白い顔色が気になった。体調を尋ねても、場の空気を壊してしまうと思うのか、多くを語らなかった。私はさしでがましいかと思いながらも、初めてその青年のことを手紙で健さんに知らせた。

それから一年ほど経った頃、ポストに分厚い封書が届いた。Kさんからだった。

Kさんがパーティーのあと父親の看病のために帰郷していたこと。看病の甲斐もなく父親が他界したこと。自分の体調は徐々に回復していること。そうした暮らしの中で健さんから頂いた一通の手紙がどんなに支えになったか。感謝の気持ちが繰り返しつづられていた。

健さんは「一生懸命な人が好きです」としばしば口にする。Kさんの真面目さ、懸命さを私の手紙の中から感じてくれたのだろうか。だとすれば、サプライズ・テープを作ったときと同じように、K青年のために、一心不乱に手紙をつづったのだろう。

俳優業と「その女性」

様々な場所で聞いた健さんの言葉を、私はときどき雑誌に発表してきた。NHKドラマ『刑事』の撮影終了後に出かけた伊豆への温泉旅行のことは、『週刊プレイボーイ』に掲載させてもらった。

気心の知れた人たちと束の間の休暇を伊豆の温泉で過ごしたあと、東京へ向かう車の中で健さんがつぶやいた。

「僕が旅をしたいと思うときは、旅先で何かいいことがあるのでは、と心のどこかで期待している。今、無性に旅がしたい——」

それまで健さんはプライベートの旅をメディアで公表したことがなかった。しかしこのときはちょうどタイミングが合い、イタリア行きが実現した。この旅の様子は、雑誌

『ＣＬＡＳＳ　Ｘ』（平凡社、『太陽』一九九六年四月臨時増刊）に掲載したが、ほとんど口にしない江利チエミさんについて話をしてくれたのが印象に残っている。

ローマからトスカーナに車で移動中のこと。薄暗く、くねくねした山道を進むうち、長旅の疲れでときおりまどろんでいた健さんが、不意にうめくような声を上げた。

「こんな山奥に、すごい！　血が逆流するような感じだ」

山の斜面にあらわれた中世都市の遺構。暗くなった車内でその表情はよく見えなかったが、しばらくつづいた沈黙の間、健さんの魂は身体から抜け出し、闇をさまよっているかのように感じられた。

「かつてマキノ監督が、『人は、真似ではなく本当に、別の人間に変わりたいという願望を一生持ちつづけて生きていくんだ』、そう言っていました。誰もがそういう想いを抱えながら、この娑婆をあくせく生きていく。俳優という仕事は、そうした願望の表れかもしれないね」

オレンジがかった灯りにライトアップされた映画セットのような外壁を見ながら、健さんは独り言のように話しつづけていた。

目的地のレストランに着くころには夜九時を過ぎていた。移動の疲れもあってメニューに迷っていると、硬いヒールの音を立てて近づいてきた店の女性が健さんにワインリストを手渡した。「あなたにお任せします。今日の料理に合うワインを」。健さんがそう言うと、彼女はじつに華やかな笑みを浮かべてみせた。

普段はあまりアルコールを口にしない健さんも、このとき出された渋めのトスカーナワインを何度か口にはこんでいた。

「以前、仕事でニューヨークへ行ったとき、リトルイタリーへ食事に行きました。二十人ぐらいの家族か親戚らしき人たちが何かのお祝いをしていて、その中の一人、ふくよかな女性がまるでプリマドンナみたいな声で、三分おきぐらいに高らかに笑うんです。それが店の雰囲気をとても温かくしていた。人の笑顔、笑い声というのは、どんな天才音楽家が作った音楽より人の心を慰めてくれる、そう思いましたね」

疲れが一行の酔いを早めたため、夕食は一時間半ほどで切り上げた。そのあと、健さんの部屋で、打ち合わせを兼ねてコーヒータイムとなった。

暖炉が燃え、薪の匂いが心を落ち着かせた。ルームサービスのコーヒーカップを手にした健さんが、少ししゃがれた声で意外な思い出を語りだした。

「イタリアのグァルティエロ・ヤコペッティ監督の映画『世界残酷物語』を観たあと、

縁あって結婚したその女性《ひと》に映画の説明をしたんです。パプア・ニューギニアの原住民がポコチンに大きな竹筒をかぶせてカヌーを漕ぐ、そのおかしさを何とか伝えたくて、最後は自分も裸になってその恰好をまねていました。その女性の喜ぶ顔が見たかったんでしょうね」

「その女性」とはいうまでもなく、ひばり・チエミ・いづみの三人娘のひとり、すでにジャズシンガーとして大スターだった江利チエミさん。

まだ売り出し中の青年俳優だった健さん（当時二十五歳）は、デビューした一九五六年にチエミさん（当時十九歳）と東映映画『恐怖の空中殺人』で共演した。彼女の人柄に惹かれた健さんは、撮影後も堂々とチエミさんの楽屋を訪ねたという。

交際三年を経て、健さん二十八歳の誕生日に二人は結婚。その頃の仲睦まじさは、周囲を取材していてもしばしば耳にすることになる。

婚約中、健さんは千駄ヶ谷のチエミさんの実家へ、ツートンカラーのフォードで向かった。助手席に九州のいとこを座らせ、嬉々としてチエミさんに紹介したそうだ。

九州に帰省した折りには、父親が馴染みだった小料理屋に二人で出かけ、女将に紹介をした。女将の娘さんは当時を思い出して、「とても色の白い、肌が透き通るような女性でした。人なつっこい笑顔が忘れられません」とチエミさんの印象を語った。

そして降旗監督は、「健さんの映画『網走番外地』『昭和残俠伝』の主題歌のサビ部分にチエミ節が出ている」という。これについてチエミさんと親しかった藤原佑好氏（『江利チエミ　波乱の生涯　テネシー・ワルツが聴こえる』〈五月書房〉著者）は、こう解説してくれた。

「チエミさんは、『唐獅子牡丹』（『昭和残俠伝』の主題歌）のレコーディングでは、まるで口写しのようにして、つきっきりでアドバイスをしていたそうですよ。自分のコンサートでも、『網走番外地』や『唐獅子牡丹』をチエミ節で歌っていました」

主題歌の大ヒットとともに映画はシリーズ化され、年に十数本という映画の撮影に、健さんは多忙を極めた。

順風満帆に見えた結婚生活に思いもよらない事件が起きたのは、一九七〇年の正月のこと。二人の新居が漏電で全焼、家を失った二人はしばらくの間、都内のホテル暮らしとなった。このホテル住まいが、今も伝説化している「健さんは家を持たずにホテル暮らし」という風評の原点となった。

この頃から、健さんは忽然と姿を消すことが多くなる。チエミさんにも行き先を告げずに一ヶ月近くも海外へ、ときには比叡山は千日回峰の荒行で知られる阿闍梨のもとで、滝に打たれていたりすることもあったと聞く。夫の身を案じる妻としては堪ったものではなかっただろう。

不安が不幸を呼び寄せたのかもしれない。火災から一年後、チエミさんが頼りにしていたマネージャー兼付き人の兄が四十二歳で急死。脳溢血であった。チエミさんは、デビュー前年の一九五一年に母親も脳溢血で亡くしている（享年四十六）。母親がわりともなっていた兄を失い、チエミさんは家庭の温もりをいっそう求めたのではないか。

前出の藤原氏は著書の中で、チエミさんと縁ある人からの証言をこうつづっている。

（お兄さんの）喪が明けた日、川崎大師に詣でる高倉とチエミの姿があった。（中略）「そのあと健さんは車を六本木にあるレストランに着けました。健さんが〝ここ、美味しいんだよ〟と言うとチーちゃんは明るい表情になって〝うん、急に食欲がでたみたい〟って。（中略）二人はトップスターだったし気持ちの行き違いはあったかも知れないけれど、一つの糸で結ばれていると強く感じました」

だが、一九七一年九月、二人は離婚。健さんは銀座の東映本社で、チエミさんは赤坂プリンスホテルで、別々の記者会見を行う予定だった。

しかし、「高倉は入院中とかで姿を見せず、代理人として出席した東映の俊藤浩滋プロデューサーは『くわしい話は、後日、当人の口から……。私見だが、しいて理由をあげるとすれば、性格の不一致。どちらもわがままだった、ということでしょうか』」（朝日新聞一九七一年九月四日付夕刊）。

その後、「離婚の真相は、チエミの姉（母親と前夫との間の子）による財産の横領と莫大な借金。それを夫高倉健に負わせたくないとする協議離婚である」と報じられた。

夫を守ろうとした妻の思いやり、その気持ちを尊重して別れを決意した夫、それが事実であるなら、愛が消えうせたわけではなかったのだろう。当たり前の夫婦のように、日常的に二人の時間があったなら、乗り越えられた問題だったかもしれない。

また、家庭の温もりを求めたチエミさんを慰めたのは、芸能界の友達や先輩たちとの公私の境のない時間であり、健さんはそうした状況が鎮まるのを寡黙に待とうとしたのかもしれない。

＊

「別れてから十一年目にその女性は亡くなりました。訃報を聞いた瞬間、自分にはやり残したことがあったと気づきました。いつか伝えるときが来たら伝えたいと思っていたこと、それを伝えられない世界へその女性は逝ってしまった。自分は過去に悪いことをしたのかもしれない。少なくてもアイツにはいい旦那じゃなかった。何もしてやれないうちに一人で寒い所へ逝かせてしまった。なんという自分本位な生き方をしてしまったのか……」

その女性が亡くなったとき、蔵原惟繕監督から映画『南極物語』に出てくれないかという話が来ていた。しかし、『海峡』を一年がかりで撮り終えたばかりということもあり、また寒い場所での仕事はかなわないと考え、断りつづけていたという。

「ずいぶん昔に別れていたはずの女性ですが、ついに本当の別れが来た。自分の心にしっかりけじめをつけなければいけない、そう思ったんです。撮影で苦労するのはわかっていましたが、『仕事をお受けします、北極へご一緒させてください』、東名高速の浜松サービスエリアで公衆電話を握りながら、そう返事をしていました」

旅行カバンの中の母親

旅先で健さんが荷を解いているとき、スタッフと一緒にドアをノックすることがあった。私たちが「手伝いましょうか」と声をかけても、健さんは「自分のことは自分でするから」と言って、手際よく着替えや身の回りの品々をチェストに収めていくのがいつものことだった。

トスカーナで部屋にうかがったとき、ローチェストの上にセピア色の写真が置かれていることに気がついた。赤ちゃんを抱いた優しい眼差しの女性で、生まれたばかりの健さんと若いころのお母さんであるという。

「おふくろが亡くなったとき、葬式にも出なかったからね。親不孝をわびて、せめて旅先でも一緒にいて、毎日線香をあげて手を合わせてるんだよ」

旅先で宿へ着くと、健さんはまず花を探す。それは野の花であったり街の花屋のものであったりするが、可憐な花を数本、小さな花立てに不器用な手つきで活けるのだ。それからカバンの中にあるお母さんの写真を取り出して安置する。

「おふくろが元気なときは、写真なんか見なかったよ。でも亡くなってからは朝晩必ず線香をあげて手を合わせる。こんなに恋しいものだとは思わなかったね」

たしかその翌年のこと、九州に仕事できた健さんに、お母さんのために購入したという別荘へ誘われ、スタッフと立ち寄らせてもらったことがある。地元の友人から豪華な折詰弁当が届けられたが、予定外で参加した私の分は用意されていなかった。すると健さんは、自分の弁当を半分私に分けてくれた。そのとき健さんは、こんな思い出を話してくれた。

「離婚してから数年経ったころだったな。『いい人がいるから見合いをしてみないか』、そう言っておふくろは何度か写真を送ってきていたね。いつまでたっても、子どものことが心配だったんだろうね。そんなおふくろに何かしてあげたくて、ここ（九州）の海岸に家を建てた。でも、『少し階段を降りなきゃいかんけど』と言ったら、『ならキツイからいいわ』って、結局一度も来なかったけどね」

「母が亡くなったことが（『あ・うん』で共演していた富司）純子さんの耳に入ったらしく、九州ロケのあった日、なかなか彼女は帰ってこなかった。『健さんのお母さんのお墓参りに行ってきたいの。でも内緒にしてね』、そう言って出かけられた。その話を後で聞いて、僕は本当にうれしかった。世の中いろいろな人がいるけど、わからないようにひっそり人のために行を積む。それこそ本当の徳を持った人だと思うんです」

＊

一九九四年、『四十七人の刺客』のクランクイン二日目。健さんの誕生日の翌日、世田谷の東宝スタジオ、伏見遊郭笹屋セットの二階座敷で、健さん演じる大石内蔵助を中心に討入りの密議というシーンである。当初、ご本人は「マゲ姿に自信がないんだ」と言っていたが、身体は以前よりいっそう絞りこまれていた。

昼休み、マゲを外して濃紺のバンダナで器用に頭を包み込んだ健さんは、ジャージ姿でコーヒーを飲んでいた。テーブルに山と積まれた誕生日のメッセージを、一枚一枚読むうち、「うん？」と妙な声を上げた。

「死んだおふくろが文通していた人からの手紙だ。『懐かしいでしょうから』と、おふくろの手紙を同封してあった。『高倉健は私の次男です』って書いてある。まちがいなくおふくろの字だよ。それも目が悪くなってからの字、ドキリとしたよ」

意外なプレゼントに嬉しさを隠しきれない様子で健さんが言った。

「昔、週刊誌の記者が九州の実家まで訪ねてきて、家の周りをウロウロしていたら、おふくろは『よくこんな遠くまでいらした』なんて言って、家の中へ上げて、お茶を出したそうだよ。何かにつけて、そういうおふくろだったね」

二〇一一年、私は健さんのお母さんのお墓参りをさせてもらった。雨の降る日で、「お茶でもどうぞ」と声をかけてくれた住職さんが、こんな話をしてくれた。

「健さんはいつも分からんように来て、帰ってしまう。でも、お母さんの容態がようなくなったとき、『おふくろのことをよろしくお願いします』と深々と頭を下げて帰って行かれた。その後、お母さんは亡くなった。葬式には来なかったけど、健さんの気持ちは十分に受け取りましたよ」

トイレで受け取った夢

夢は持つもの――そんなことを考えながら、私は東京・高輪プリンスホテル（現在はグランドプリンスホテル高輪）のVIPルームで健さんの真正面に座っていた。この日は、ニッポン放送の『旅の途中で…』のミーティングで、「鬼門の席」にいる私は緊張しないように努め、構成のTさんは、端のほうでひたすらペンを動かしている。

番組の目玉は何と言ってもパーソナリティが〝寡黙な高倉健〟であること。ゲストとのトークや書き下ろしのドラマ、好きな音楽の紹介をするという内容のこの二時間番組は好評で、一九九六年から二〇〇〇年にわたって年に一度、五年間つづいた。

当たり前だが、映画、CM、マスコミの公開取材でも健さんには常にメイクが付くわけで、そのときはブランド「高倉健」その人となる。しかし、声しか聞こえないラジオの現場では、健さんはまったくの素顔だった。

撮影現場、旅の途中、あるいは移動中、仕事の合間のコーヒーブレイク、かれこれ四半世紀も健さんを追い、言葉を記録しつづけた日々は、思えば気の遠くなるほど長かったように思われる。それなのにラジオの打ち合わせとなると、「大切なことは語らない」と常々言っていた健さんの本音が、初対面の人の前で次々と飛び出してくる。

それには、番組のプロデューサーMさんの存在が大きかったようだ。「みぞおちで感じるものがあったときしか、仕事を受けない」という健さんをどうやって動かしたのか、Mさんに尋ねてみた。

「高倉さんの『あなたに褒められたくて』(一九九一年)が出版された直後、僕は高倉さんに手紙を書きました。『僕は若いころから高倉さんの大ファンで、一度でいいからラジオで高倉さんの番組を作りたい、と思い続けていました』と。それを読んだ高倉さんから、『一度お会いしましょう』と返事を頂いたのが一九九三年、エッセイ賞を受賞された年です。授賞式の日、会場でたまたまトイレに行ったら高倉さんがいましてね。図々しくも隣に並んで用を足しながら挨拶をしました。そして、『今回のエッセイのお話をラジオで語っていただけませんか』とお願いして名刺を渡したんです。その後直接会って、真意をお伝えすることができました。その時の答えが、『少し待って下さい』。それからさらに三年、高倉さんから何も連絡はなかった。僕も半ばあきらめかけていたある日、一本のカセットテープが届きました。それには、高倉さんが綴った『ウサギの御守り』というエッセイを自ら朗読したものが入っていました。そこから番組は一気に走り出したんです」

自らの朗読テープを作ったのには、ある理由がある。健さんの誕生祝いに届いた一本のカセットテープ。そこに収められた声が、健さんの心を大きく揺すったのだった。

その声は番組を本にまとめた『旅の途中で』（新潮社）の冒頭に記載されているが、あらためて紹介する。

おじちゃん、だいぶ遅くなったけど、お誕生日おめでとうございます。もう立春が過ぎ、東京は春が近づいているんでしょうね。十勝はまだまだ朝夕とってもしばれています。おじちゃんにいただいたコートを着て、元気に学校へ通っています。本当にものすごくあったかいです。ありがとうございました。おじちゃんにとって、両手いっぱいの喜びと愛があふれる一年になりますように。私たちみんなで心を込めて歌を贈ります。ハッピー　バースディー　トゥー　ユー（中略）おじちゃん、おめでとうございます。

二月十六日の誕生日を祝う一本のカセットテープは、北海道に住む箕浦安菜ちゃんという女の子からのものだった。『チロルの挽歌』というNHKドラマに出たとき、芦別という炭鉱の町で知り合った女の子で、健さんはその出会いについてこうつづっている。

知り合った、というよりも、出会ってしまった女の子です。（中略）まるで犬っころのようにキラキラした、ああいう目を何ていうんでしょうか、不思議な出会いでした。（中略）このテープを聞いたその晩、いろんなことを考えました。人に何かを伝えるということは、こういうことなんだな。（中略）お返しに何がいいか思い悩んだ挙げ句、僕もお返しのテープをその夜吹き込んで、送りました。これから、安菜ちゃんへのテープを吹き込んだ晩と同じような気持ちで、いろんな思いを綴ってみたいと思います。

健さんは、自分の気持ちを真正直に伝えようと必死になる人だ。ラジオの出演依頼も心のどこかにとどめていて、「そのとき」が訪れたと感じたとき、自分の言葉でMさんに伝えたのだろう。

いつだったか忘れたが、健さんがこんなことを言った。

「誰それがよろしくと言っていました、という人がいるが、僕はちがうと思う。本当によろしくと思っているなら、どんな形でも自分で伝えるべきじゃないかな」

それを聞いてから、私も「よろしく」という言葉を口にしづらくなった。

Mさんに話を戻すと、言葉にできないくらいラジオを愛している人である。だからこそ、分別もなくトイレで用を足しながら健さんに気持ちを伝えられたのだろうし、健さんもそれに応えようと心が動いたのだろう。

サイレントライターの心の枷

ラジオ番組『旅の途中で…』では、構成作家のTさんの果たした役割が大きかった。

Tさんは、生い立ちに恵まれていない。「酒を飲み、借金をこしらえ、妻を殴る、ありていにいえばダメ親父」（Tさん）のもとで、心に傷を負いながら、ジッと耐えるばかりの日々だった。屈折した心を抱えた中学二年のとき、初めて『網走番外地』を見た。その中で、健さん演じる橘真一は妹に飯をケチる親父に馬乗りになり、「じゃ、お前が食え！」と親父の口に飯を押し込んでいた。

男はいつか決着をつけなければならない、そんな思いがTさんの原点になり、また心の枷になる。蛇口から垂れる水滴でもやがてバケツが満タンになるように、心が我慢で満タンになるたび、Tさんは映画館で健さんの言葉と姿を追いつづけた。

男としての一貫性、耐えて生きるということ、語らないことの強さ、思いあこがれる男の中の男のイメージがそこにはあった。耐えに耐え、忍びに忍んだ末に命を張るという任俠映画は、Tさんにとって光明であり、哲学書でもあったという。

しかし、決着をつけられないままやがて父親は家を出ていき、Tさんにはトラウマだけが残った。学生運動、勉強、仕事、恋愛、何をしても中途半端だという思いが残り、といって命を賭けるような場面もなかった。

高度経済成長期の中でも「いざなぎ景気」と呼ばれた好景気。どこか社会に乗っていけない気分を抱え、それでも『網走番外地』（一九六五～七二年）、『昭和残俠伝』（一九六五～七二年）、『日本俠客伝』（一九六四～七一年）などで健さんを観るたび、励まされたという。そこには世の中の不器用者、弱者、アウトローたちへの深い共感があった。『昭和残俠伝』の決めゼリフ「死んで貰います」という高倉健の怒りは、右翼も左翼もなく、鬱憤を抱く男たち全員のものだった。だからこそ今なお、中高年以上の男性にとって「健さん」は抜きがたい存在なのではないだろうか。

「社会道徳に反してでも守るべき人としての正義がある、それで僕らは救われた」とTさんは言う。

だから、健さんと初めて会った一九九六年の春、最初の打ち合わせで、「高倉健はどんな風にして現れるのか？　どんな方なのか？　三十年間あこがれつづけてきた人だけに、喜びというよりむしろ苦痛だった」ともいう。

「映画スターには五、六人、時には十数人ものお供がゾロゾロついているのが普通です。でも健さんは一人で『コンチワッ』と現れた。胸のつかえ棒がスコーンと取れたような次の瞬間、その雰囲気に呑まれて固まってしまいました。金縛り状態でしたね」

落ち着かない気持ちのまま、打ち合わせがはじまった。もともと喋るのが苦手なTさんだが、身体はこわばり、口は貝のように閉じて動いてくれない。「打ち合わせで一言も発しない、笑い声も出ないスタッフなど戦力外通告されても仕方がないな」、そう思いはじめると途中ですっかり意気消沈してしまった。

やがて打ち合わせが終わり、部屋の外まで見送りに出たとき健さんはTさんをまっすぐ見つめてこう言ったという。

「サイレントライターT、と日記に書いておきます。さよなら！」

責めるニュアンスはまったくなかった。話はまるでできなかったが、名前を覚えてくれた。それだけでTさんは「許された」と感じたという。その後、健さんと仕事をするようになって、知り合いから「高倉健って、どんな人？」と訊かれることが多くなった。考えた末、口ベタなTさんは二つの答えを用意することにしたという。

一つ目は、「もう一度、人間というものを信じてみたいと思わせてくれる人」。

「負けつづけの人生に嫌気が差し、失望や哀しみにとらわれていても、こんな人がいるなら、もう一度人を信じてみたいと思わせてくれる」と答える。

二つ目は、「もう一度、ちゃんと生きてみたいと思わせてくれる人」。

「胸を張ってまっすぐ前を見て生きていけば、日々の感動に出会える。美しいものが見えてくる。本当に大切なものがわかる。それを静かに確実に伝えてくれる人」。

「ただ、自分も老境に入って分かるのですが、人にそんなことを思わせる高倉さん自身のしんどさは、たいへんなものだと思います。その辛さを、高倉さんは外には決して見せないだけにね」

あの、よたもんの俳優

ラジオ番組『旅の途中で…』を本にまとめる承諾を健さんから得たのは、五回目の番組の製作中（二〇〇〇年）のことだった。その直後、映画『ホタル』がクランクイン。一つのことに集中する性質の健さんの気持ちが出版へ戻ったのは、映画が公開された翌年、二〇〇二年になってからだった。

「健さんのスケジュールだけでなく、色々と手のかかることがあるかもしれないので、短期間でも関係者が一堂に会して編集作業を行ったほうがいいだろう」と私は考えた。

そして三月初め、スギ花粉が苦手な健さんの体調は心配されたものの、番組の構成を担当した放送作家のTさんと私、それにロケバスの運転手であるMさんを加えた四人で、下田のペンションを「合宿」場所にきめた。

しかしいざはじまってみると、Tさんは外せないレギュラー番組の仕事を抱え、下田と東京を往復しながらの原稿整理となった。

いささか疲れのたまってきた三日目の昼、たまたま立ち寄った蕎麦屋の主人から、山のてっぺんに、地元の人しか知らない温泉場があると聞いた。夜八時以降なら貸切りもできるというので、主人が描いてくれた簡単な地図を頼りに行ってみることにした。

きついカーブとかなりの急勾配を、Mさんは何度も車のギアを入れ換えながら上っていった。山頂近くに着くと、暗闇の中にたった一軒、灯りがついている家があった。先に降りたMさんが戻ってきて、「ここでした。もう誰も入っていないそうです」と言うと、健さんはそのまま露天風呂へ向かった。

小屋自体は質素な建てつけだったが、風呂場には黒澤映画『羅生門』に出てくるような太い柱がそびえ、古風な温泉宿の趣があった。男湯から、「Tさんにも入ってもらいたいなあ。明日は入っていけるかなあ」と健さんの声が響いた。仕事で東京に戻ったTさんには気の毒だったが、私たちは翌日もこの露天風呂を愉しんだ。

蕎麦屋の主人は温泉の人には挨拶は要らないと言っていたが、二日つづけて貸切りにしてもらったこともあり、健さんは「挨拶して行こう」と言った。

「こんばんは、お湯をありがとうございました」

健さんが奥へ声をかけると、おばあちゃんが出てきた。

「いえいえ、わざわざ寄っていただくこともありませんのにどうも……」

居住まいを正して座りかけたその人に健さんは、ご主人にも挨拶を、と言った。おばあちゃんは奥へ下がり、「おじいちゃん、お客さまよ」と大きな声で呼びかけている。しばらくして、少し寝ぼけたようなおじいちゃんが千鳥足でやってきた。おじいちゃんは玄関でサンダルをつっかけながら、健さんの顔をちらりと見て言った。

「アンタね、俺が若いころに観たことがある。ん〜と、あの〜」

そう言いながら外へ出て、庭で用を足しはじめた。

「ウン、よたもんの俳優だ。切ったり張ったりの映画、あれに出ていた人そっくりだ」

だいぶ飲んでいるようでなかなか小水が止まらない。笑いをこらえながら私が、「菅原文太さんですか」と言うと、

「イヤ、それとは違う。つまり、あの、よたもん」

おばあちゃんも「本当にそっくり」と口を合わせている。おじいちゃんはようやく用を済ませると、「またいつでも、お風呂を使ってください」、そう言って奥へと消えた。

車に戻った健さんは、宿に戻るまで何度も「あの、よたもん」と口真似しながら、うれしそうに笑っていた。

「健さん付き」一筋の半世紀

『四十七人の刺客』のロケがおこなわれている琵琶湖に近い、ある蕎麦屋の二階が健さんの控室として貸し切られていた。一九九四年のことである。そこを訪ねたときに紹介されたのがNさんだった。あらましは当時、月刊誌などで発表しているが、あらためて二人の縁について紹介したい。

「京都のことはこの人に聞けば、知らないことはない。ふだん拝観できない寺でも彼が一緒だと入れてくれる。京都へ行ったら頼りにするといい」

健さんの言葉に、Nさんは顔を真っ赤にしてうれしそうに笑った。

後日聞いた話では、ブルック・シールズが京都へ来たときもNさんはガイド兼ボディガードとしてついたそうで、アメリカへ行ったときは「京都見物のお礼に」とブルックが大歓迎してくれたという。

映画の現場には古くから「俳優さん付き」といって、付き人みたいなボディガードみたいな仕事があり、Nさんは長く「健さん付き」をつとめてきた。確かに顔をくしゃくしゃにして笑っていても、目の奥には素人にはない凄みが感じられた。

健さんはこうも言った。

「昔の俺のことで知らないことはない。一度、話を聞いてみたらいい」

この一言はよほどNさんの胸に響いたらしく、その日、すぐに取材に応じてくれた。いつものように健さんを泊まり先まで送ったあと、夜遅く京都駅に近いホテルまでやってきたNさんは、静まり返ったロビーの一角で話をはじめた。

「昔、私はどうしようもないワルでね。そんな人間を健さんに会わせてくれたのは錦兄ぃ（萬屋錦之介）でした。今でもよう覚えてます。『こいつはいい奴ちゃで、よろしく頼むわ』、錦兄ぃがそう紹介すると、健さんはすっと立ち上がって、『高倉です。よろしくお願いします』と頭を下げた。こんなつまらん、撮影現場で長靴履いて地べた這いずり回っている男に、でっせ。撮影所には長いことおりましたけど、そんな人、初めてでしたわ」

それからというもの、Nさんは京都に健さんが来ると何もかもほったらかして付き従ったという。

「親方（健さん）のことになると、他のこと全部頭からのうなってしもうてな。しまいに東京の仕事でも呼んでもろた。親方に褒めてもらいたい、その一心ですわ」

行に没頭する阿闍梨さんとともに山河を歩き、いざとなれば我が身を捨てて主の命を守ろうとする犬のように、Nさんは健さんについていった。

一九六〇年代末、京都で『昭和残侠伝』の撮影がおこなわれた。健さんはその日の撮影が終ると、世話になっている人たちと一緒にコーヒー専門店「花の木」で一息ついてから、ホテルに戻って一人でトレーニングをするのを日課にしていた。

ある日、「どうしても健さんに会いたい」と言う人がNさんのところへやってきた。

「その人のこと、俺は好きやなかった。だから、蹴っ倒して帰らせた。心の中では、俺は正しいことした。これで親方に怒られるのなら本望、鬼退治したまでと思うた。つまり、昔の俺はそんなでした」

そう言って首をすくめた。しかし、ホテルに戻ったNさんは健さんに呼び出された。今でも忘れられないという七〇一号室、健さんの部屋でテーブルの前に正座しながら言葉を待った。内心、部屋まで呼んでくれたのだから、「お前の気持ちはわかる」と言ってくれるのを期待していたという。しかし、出てきた言葉は意外なものだった。

「お前、何やった？」

「はい、蹴っ倒しました」

「何があったか知らないが、俺に会いに来た人間をなぜ会わせなかった」

褒められるどころではない。初めて真顔で叱責され、最後に、

「当分、来なくていい」

と告げられた。以後三年間、Nさんは心底反省できたと思うまで、健さんの前から姿を消した。しかし「当分、来なくていい」という言葉が耳に残り、腑抜けた状態から立ち直れないNさんは、以前健さんと一緒に会った阿闍梨さんのもとを訪ねた。

厳しい言葉の真意を知りたかったこともあるが、「阿闍梨さんが困ることのないよう、世話をしてほしい」と、かつて健さんに言われたことを思い出したからだった。Nさんは時間を作っては比叡山にある庵を訪ね、朝の勤行につとめ、大寒の頃でもひるまず滝に身を打たせながら、自分を見つめ直したそうである。

＊

一九九八年、そのNさんは北海道南富良野を走る根室本線・幾寅駅の駅舎のストーブの前に立っていた。映画『鉄道員』のロケである。

「今日は、親方から役者として呼んでもらいましたわ」、そう言うと、また顔を真っ赤にして笑った。

京都から来た旅人が、駅長の奥さんから温かい甘酒をふるまわれるというシーン。旅人役のNさんが、ストーブの前で両手で茶碗を包みこむようにしてそれを飲む。ボディガードという気負いなどないNさんの顔が、スクリーンにしっくりなじんでいた。

「あれは阿闍梨はんが淹れてくれるお茶を飲む親方の姿、そのまんまです。おいしそうに、ありがたそうに……こうしてな」

Nさんは、赤くしも焼けになった手のひらをまるく合わせた。

「あの三年間で、自分がどうしようもない人間やと気ぃつきました。ほんまにありがたい。あれからは親方に『来いや』と呼ばれたら、遠慮なく寄せてもろうてます。けど顔見たら、もう帰ることを考えてる。現場で親方に無駄な神経をつかわせたらあかん、今はそればかり。本当の親より愛しいかもしれん」

＊

私はNさんと知り合ってから数度にわたり京都で「旨いもん」を紹介してもらったが、太秦撮影所に取材に行った際、「わしが一番好きな飯や」と言って連れていってもらった祇園のうどん屋でふと洩らしたことがある。

「親方のお母さんが眠るお墓に、命日のたびにお参りさせてもろうてます。草取りしたり、墓石を磨いたり、もちろん親方には言うてない。けどある日、親方が『N、毎年ありがとうな』と言うてくれはった。あの方は〝天下人〟で、いろんなところに知り合いがいるから、内緒にしててもバレてまう。そりゃ、悪いこともな」

好物のうどんをさっさと平らげたNさんは、もうひとつ内緒話を教えてくれた。

「最近の週刊誌で、親方と俊藤浩滋プロデューサーとの〝涙の再会〟、書いておますな。あの話は数年前のことやけど、会わせたのはワシなんや」

詳しい話を聞きたかったが、そのとき部屋の外で待っていたNさんは、「中の様子は正確にはわからん」としか答えなかった。これもまた、あの三年間で身に沁みた「余計なことはせん」ということの一つなのだろう。

後になってその話は、一九九九年に出版された『任俠映画伝』で知ることができた。俊藤さんは任俠映画の生みの親と言われ、数々の伝説を残した名プロデューサーで、女優の富司純子さんの父親でもある。

その中の一章「高倉健との歩み」には、『日本俠客伝』への出演依頼から『昭和残俠伝』での製作秘話まで、舞台裏がふんだんにつづられている。ファンにとっては必読の一冊でもあるが、健さんが東映を去った理由については、「私に不信感を抱いたのと違うかな」と記されている。

Nさんがお膳立てしたという二人の再会は、以下のようなものだった。

昭和五十三年（一九七八年）、ふたたび私と組んで『冬の華』を東映京都撮影所で撮った。（中略）そのあと、いまに至るまで、健ちゃんと仕事をせずにきた。（中略）いま、私には健ちゃんとやりたい企画がある。これは絶対に高倉健でなければならない。そんなことを思うていたら、何年か前、突然、年末に彼が私の家にやってきた。当時、うちの純子と共演で東宝で『あ・うん』を撮影中だった。「ご無沙汰しています」健ちゃんは玄関に突っ立って、そう言うたきり、ボロボロ涙を流して言葉が出ない。私も胸がジーンと熱くなって「まあ上がれよ」と言うと、「いやあ……」とただ涙ながらに立っている。「今日は何も言えませんから、またあらため

て来ます」それで帰ってしまった。（前掲書より）

あたかも映画のワンシーンのような構図とセリフ。任俠映画で一時代を築いた二人の間には、ともに命を削った男同士にしか分からないものが脈打っているのだろう。

お客に来てもらえなければ映画じゃない——が信条。映画プロデューサーの仕事は撮影開始まで、などと言われるが、脚本の直しやひいては監督への指示まで手を抜かない。こんな文字通りの製作者《プロデューサー》が興味を抱いたのが、本格的な任俠映画だった。（中略）任俠映画が衰退し、山口組を題材に映画を撮っただけで、警察の目が光るような時代になっても、製作意欲は何ら変わらなかった。携わった映画は約３００本。

（『週刊新潮』、新潮社、二〇〇一年十月二十五日号）

その俊藤さんは健さんとの再会から十三年後、肝不全のため八十四歳で亡くなった。

命あるうちに仕事を

プロデューサー、ディレクター、スタイリスト、メイクアップアーティスト、通訳など、健さんの周りにはそれぞれの分野で一流のスタッフがいる。

ロケバス会社を経営するMさんもまた、運転技術だけでなく、スタッフへの気配りにおいてもちょっと真似ができないところがあった。

私がMさんと初めて会ったのは二〇〇二年、『旅の途中で』の「編集合宿」の五年前、ポッカコーヒーのCM撮影のときだった。

下田の砂浜に立った健さんが、海に向かって「高倉健、しっかりしろよぉ！」と叫ぶCMで、打ち合わせの際、スタッフは健さんの反応を心配したが、いたずら好きな本人はケロリとして、むしろ愉快そうにカメラの前に立っていた。

ロケのため用意された宿は下田の老舗旅館だった。そこでの夕食のあいだ、Mさんは健さんの正面に座って、次から次へとテンポよく話をしていた。「鬼門の席」などものともせず一人で健さんをくつろがせてくれたおかげで、周りの人たちも気がねなく食事を楽しむことができた。ただ、「がんの手術をしたばかりで」というMさんの言葉が私の耳に入ってきた。

それからしばらくMさんと話す機会はなかったが、前述の合宿に同行をお願いすると、電話に出たMさんの弟は、「Mは、精一杯務めさせていただきます、と言っています」と即答してくださり、私は千人力の援軍を得たような気がしたものだった。

東京から下田まで、いつものように運転席の真後ろに座る健さんに、Mさんは何くれとなく話しかけていた。押し付けがましくもなく、しかもじつに心地よいタイミングで相手を退屈させない。

驚いたのは、宿に着いてすぐ、荷物の中から真新しい木刀を取りだしたときだ。

「高倉さん、これ使ってください。今回の合宿は運動不足になると思って、友だちに作ってもらったんです」

Mさんは予定の一週間、仕事が順調に進むようにとCDや健さんが主演した映画のD

ＶＤまで用意してくれていて、仕事の様子を見ながら、上映会をしてくれたこともあった。映画『冬の華』を観ているときには、健さんが撮影当時の思い出を懐かしそうに語ってくれた。日ごろ聞けない舞台裏の話はとても貴重なものだった。

そのＭさんの様子が気になったのは夕食どきである。いっこうに進まない箸を手に、

「私は今、みなさんのような量が食べられないので」

というだけだった。後で知ったが、この「合宿」の直前までＭさんは抗がん剤治療のため入院していたという。退院後ゆっくり静養をと考えていたが、「健さんの仕事は生き甲斐だからやらせてくれ。健さんと一緒にいると食事も旨いし元気が出るんだ」、そう家族を説得して参加していたと聞く。

痛み止めの薬を飲んで夜を耐えることもあったらしく、「もし俺が運転できないことになったら、すぐ誰か下田によこしてくれ」と言付けしていたという。日中、何ともない様子で健さんの好きなエスプレッソを淹れてくれるＭさんが、そんな容態であることに私たちはまるで気づかなかった。

合宿も半分過ぎたころ、健さんの調子がすぐれなくなった。スギ花粉症がひどくなり、目を充血させてティッシュで鼻をおさえながら、「限界だな。今日、帰ろう」と言う。

原稿の推敲は三分の二ぐらい、ようやく先が見え始めたころだったが、無理につづけても仕事に集中できるとは思われなかった。版元の編集者から、眼にやさしい電気スタンドなるものが届いていたが、そのまま送り返すことにした。

＊

俳優やスタッフたちの移動を請け負うロケーションサービスという仕事は、Ｍさんの父親がトラック一台ではじめた。はじめは大映の仕事が中心だったが、やがて映画産業が斜陽になり、ＣＭ関係の仕事もするようになったという。

中学時代はいっぱしの不良で母親を心配させてばかりいたＭさんにとって、高倉健は別格の存在だった。映画の中で健さんが履いていた雪駄のニセモノをこしらえ、両切りタバコを真似て、わざわざ新品のタバコの両端をつぶして吸ったそうだ。

「男だったら一度はじめたことは最後までやりとおせ、とか、言い訳せずけじめだけはつけろ——そんな健さんのセリフがいつの間にか自分にとっての教科書になり、やんちゃもばからしい歳になると、自然に親父の仕事を手伝うようになっていました」

がんになったときも、がんなんか治してみせる、生きていればまた健さんの仕事ができる、そう考えることで手術にも前向きになれたという。

「（ポッカコーヒーのCM撮影の）あの晩、正直にがんのことを話しました。すると健さんは、『これからは〝気〟で生きていけばいい』と言ってくださいました」

がんは再発のないまましばらく時が過ぎた。しかし、手術から五年目にがんが肺に転移していることがわかった。

「ちょうどそのときも健さんの仕事が入っていて、直接ご本人に『今度の撮影にはご一緒できなくなりました』と話しました。数日後、健さんから贈りものが届きました。銀製のペンダントで、そこに漢詩が書かれていたんです」

冷に耐え　苦に耐え　煩に耐え　閑に耐え
激せず　騒がず　競わず　従わず
もって大事をなすべし

「これをいただいた瞬間、『これで思い残すことはない、がんと闘うのはもうよそう』、そう思いました。思いがけずいただいた言葉で『あとどのくらいかわからない命、この言葉通り生きていけばいい』。そう思った途端、気分が軽くなったのです」

「合宿」は家族から反対されたが、自分には自信があったとMさんは言った。

「実際、不思議でした。夜になると痛み止めも効かないのに、健さんとご一緒している昼間は、本当に痛みが止まる。元気も出る。固形物はすべて吐き出していたのに、みなさんの量の半分も食べられた。奇跡だと思ったぐらいです。あのとき健さんは自分の花粉症ではなく、僕の身体を察したのでしょう。だから合宿を中断して、帰りも眠らず、ずっと僕に語りかけてくれたんでしょう」

Mさんはこのあと合宿中の出来事を懐かしそうにふりかえった。

「山の頂にある露天風呂で湯気がもうもうと立ち上り、その向こうに健さんがいる。ああ、この人は唐獅子牡丹の人なんだ。なのに何で墨を打ってねえのかなぁ、と思いました。合宿の間、一緒に散歩もしました。そのとき健さんは『こうやって人の目を気にせずに歩けるって素晴らしいなあ』、そう仰いました。股ぐらが痒ければケツを自由にかける、それが健さんにとって最高の場所なんだろうと思います。いつでも、自由になれる場所を探している。だからいい別荘地があると聞くと、撮影現場の空き時間にそれを見に行くのが健さんの楽しみでもありました」

Mさんは末期がんとは思えない嬉しそうな顔で言葉をつづけた。

「少年のころに映画で観たあの人は、自分にとって永遠のヒーローでした。そして実際にお仕事を一緒にさせていただいても、やっぱりそうです。嘘がない、真っ直ぐで、誰がなんと言おうと自分が決めた道を進む。しんどいときもあるのでしょうが、決して弱音を吐かず、黙っている。あるとき特注のマウスピースを見せてくれて、『つらい時は、このマウスピースをぐっと噛んで辛抱するんだ』、そう言っていました……」

Mさんは「合宿」から半年後、二〇〇二年の夏の終わりに亡くなった。私に訃報を伝えてくれたのは健さんだった。

「M君が亡くなった。命は、いつ終わるかわからない……命あるうちに仕事をしなければいけない、今、強くそう思います」

エピローグ　心の杖

「もし高倉健という人に出会っていなかったら、今の自分はどうなっていたか」、そんなことを考えてしまう年齢になった。たら、れば、とは誰の人生にもあり得る回想だけれど、しかしだからこそ、健さんを取材した四半世紀余りは、私にとって「必然」のなせる業だったと図々しくも考えている。

いまさら言うまでもないが、健さんにはとても強いオーラがある。

健さんに限らず、そういう人間はときにいるが、それは生まれ持ったものと、自分自身が日々精進しながら放出している光彩のようなもので、誰にでも持てるわけではない。

幼い頃から私は直感でモノを言っては周りにたしなめられたが、敦賀で初めて健さんに会ったときも、そのオーラについ、「健さんは宇宙人かもしれない」と言ってしまった。多少戸惑った様子だったが、健さんはにっこり笑ってくれた。私はその瞬間から、「俳優高倉健という人間についてもっと知りたい」と思うようになった。

愚鈍な自分にできることは、少しでも多く「健さんの時間」を垣間見ることしかないと考え、健さんその人だけでなく、周囲にもアンテナを張り、情報を集めた。

しかし取材を進めるうちに、健さんの情報の少なさに閉口し、他方で手に入れた情報の根拠のなさに面食らったりもした。つまるところ、健さんから直に聞きだした言葉を軸に、そのゆかりの人や土地を訪ねることになった。どこに発表する当てもないまま、私はただその地を世界中へ広げて歩いた。

健さんが自分の言葉で話してくれたこと、感じたこと、それらに対してとことん取材をしまくろう、その考えと取材方法が、物書きのはしくれとしての私の生業を、いつしか確かなものにしてくれたのかもしれない。

＊

話は寄り道するが、白洲正子さんには、晩年の数年間、たいへんお世話になった。ある意味で、健さんと似たような「体温」と「エネルギー」を感じさせる人だった。その白洲さんについて『アサヒグラフ』で特集したとき、健さんから「前から関心があった白洲さんの特集、『アサヒグラフ』を買ったけれど、いい内容だった。読んだか？」と電話があった。「あれは私の仕事なんです」と言うと、「そうか、気づかなかったよ。ずいぶん成長したな」という言葉が返ってきた。

もうひとつ。「書くことはあるのに、書く身体がない」という三浦綾子さんの最後の独白は、私が企画を担当したNHKの『ETV特集』の取材中に聞いたものだった。その三浦さん死去の報が流れた日、携帯電話に健さんから「綾子さんが亡くなられたね」という電話があった。なんだか自分の来し方を見てもらっているようで、悲しみのうちにも心が温まったのを思い出す。

そんな義理と人情、俠気、気持ちだけでも健さんに恥じない仕事をしようと思い、これぞと心に感じたテーマには、できるかぎり真摯に取り組むように心がけてきた。

健さんがMさんに贈った言葉、『冷に耐え　苦に耐え　煩に耐え　閑に耐え　激せず騒がず　競わず　従わず』を心がけてはいるが、なかなかそうもいかない。しばしば壁に頭をぶつけながらも、『もって大事をなすべし』とは念じているが。

健さんからいただいた幾多の言葉、また感動は私の〝心の杖〟となっている。合掌。

「健さん」の横顔——献辞に代えて

二〇一四年十一月十八日、高倉健さん死去のニュースが報じられた。

そのとき私は高齢の飼い犬の診察を無事に終え、晴れやかな気分で買い物をしていたが、レジを済ませてふと携帯電話を見て一瞬、目を疑った。

おびただしい件数の電話とメールの着信表示。そのうちの一つのメールを開くと、「健さんが……」で文が途切れている。この数年、健さんの体調変化が気がかりではあった。急いで高倉プロモーション関係者に連絡をとると、開口一番に「亡くなられました」と聞かされた。

冒頭で記したように、映画の取材で私がはじめて健さんに出会ったのは一九八四年のことだ。それから約三十年間にわたり、多くの映画の現場、あるいはCM撮影、ラジオ番組の収録、そして私的な会合の場で、折にふれて健さんの横顔を見続けてきた。取材はやがて俳優仲間や監督やスタッフ、さらには旅先で出会った人々にも広がっていった。

健さんをはじめ映画会社や周囲の方々の厚意はもちろんだが、「俳優・高倉健」と「人間・小田剛一」の間にある何かを見きわめようという思いに、私自身が突き動かされてきた。本書はいわばその集大成である。

私が健さんの横顔を取材し、一冊の本にしたい、と思いを打ち明けたのは、映画『海へ』（一九八八年）の撮影からの帰路でのことだった。そのとき健さんは、「谷、自分の目で見たものをしっかり書くようにしろよ。そうすれば、かならず発表する時がくる」、そう言ってくれた。

それからは海外での撮影にも同行をゆるされ、私が手持ち無沙汰に身の回りの世話をしようとすると、「谷、書くために来ているんだろ。そんなことしなくていいよ」と戒められたりもした。

そうした時間の積み重ねのなかで、健さん自ら、「それなら、あいつに話を聞いたほうがいいな」と自分をよく知る人を紹介してくださることもあった。おかげで横顔にとどまらず、時に心の奥底まで垣間見る瞬間を持つこともできた。

じつは本書の大部分は五年前にまとめた原稿がもとになっている。もちろん、当時の健さんは、「一本一本の仕事は、感じるまで動かない」というスタンスをとり続ける、自分への鞭を惜しまない大俳優として健在だった。

いかに自分の作品だと言っても、長きにわたって恩義を受けた健さんの賛同を得たうえで刊行したいと思い、原稿を手元に届けた。けれど、「今は人柄より俳優としての仕事で評価されたい」とのことで、私は健さんの性格を考え、その意思を受け入れることにした。何より健さんの次の「仕事」（『あなたへ』、二〇一二年）をスクリーンで見られることへ期待を膨らませていった。

その後私は身内の介護で身辺があわただしくなり、執筆も思うにまかせられなくなったが、健さんからいただく温かい励ましの手紙をエネルギーに推敲を重ねることができた。そして何度かの手紙のやりとりの中で、二〇一五年の健さんの誕生日（二月十六日）には上梓したいと伝えていた。

くしくも本書の発売はその前々日のバレンタインデーとなってしまったが、私の拙い筆も、全力を尽くしたものなら、と健さんは照れ笑いしながらゆるしてくださるだろう。

あらためて健さんに感謝の気持ちを伝えたいと思うが、それは最早かなわない。もし伝えたところで、「何を仰いますか」とさっさとその場を立ち去るにちがいない。左肩を少し落としたその背中に、仕事に全力を注いで生きた男の誇りを漂わせながら。

*

末筆ながら、降旗康男監督をはじめ本書に登場する多くの映画関係者、故人となられた大阿闍梨・酒井雄哉師、ロケバスドライバーMさんほかスタッフの方々、縁あってお世話になった多くの皆様と新潮新書編集部の阿部正孝さん、そして家族に心からの感謝を申し上げたい。

二〇一五年一月

著者

谷　充代　1953（昭和28）年東京都生まれ。フリー編集者として80年代半ばから2000年代まで高倉健をめぐって取材を重ねる。ラジオ番組をもとにした『旅の途中で』（高倉健著）のプロデュースを担当。

Ⓢ新潮新書

606

「高倉健《たかくらけん》」という生《い》き方《かた》

著　者　谷《たに》 充代《みちよ》

2015年2月20日　発行
2023年6月10日　6刷

発行者　佐　藤　隆　信

発行所　株式会社新潮社
〒162-8711　東京都新宿区矢来町71番地
編集部(03)3266-5430　読者係(03)3266-5111
http://www.shinchosha.co.jp

印刷所　株式会社光邦
製本所　加藤製本株式会社

ISBN978-4-10-610606-4　C0274

価格はカバーに表示してあります。

590 営業部はバカなのか　北澤孝太郎

「部署の壁」を越えずして、勝てる組織は作れない。リクルート等で辣腕をふるった営業のエキスパートが、これからの企業に必要な「最強の戦略」を示す画期的な「営業解体新書」！

977 寿命ハック　死なない細胞、老いない身体　ニクラス・ブレンボー　野中香方子訳

「老い」を攻略せよ！　最新の科学研究から導き出された寿命の未来を、若き分子生物学者が分かりやすく解説。世界22ヵ国で注目のベストセラー、ついに日本上陸!!

975 プリズン・ドクター　おおたわ史絵

純粋に医療と向き合える「刑務所のお医者さん」は私の天職でした――。薬物依存だった母との関係に思いを馳せつつ、受刑者たちの健康改善のために奮闘する「塀の中の診察室」の日々。

593 ぼくは眠れない　椎名誠

ガバっと起きると午前二時、それが不眠生活の幕開けだった。発端になった独立騒動、睡眠薬、ストーカー事件、試行錯誤……三十五年にわたる孤独な「タタカイ」を初告白。

594 居酒屋を極める　太田和彦

いい店の探し方から粋な注文の仕方、ひとり飲みのコツや全国の名店・名老舗の物語まで、「孤高の居酒屋評論家」がついに極意を伝授。読めばきっと、今夜は居酒屋に行きたくなる！

Ⓢ新潮新書

976
誰が農業を殺すのか
窪田新之助
山口亮子
農家の減少は悪いことではない。「弱者である農業と農家は保護すべき」という観念から脱却し、産業として自立させよ！　農業ジャーナリストが返り血覚悟で記した「農政の大罪」。

974
学歴攻略法
コスパで考える
藤沢数希
中高一貫校か公立中高コースか？　大手塾の仕組みは？　理系は医学部に行くべきか？　正しい英語の勉強法は？　子供が受験で勝つため、親が知っておくべき実践的「損益計算書」。

597
医師の一分
里見清一
90歳過ぎの老衰患者に点滴をし、ペースメーカーを埋め込んでまで「救う」意味はあるのか。数多くの死に立ち会った臨床医がこの世の「タテマエ」「良識」を嘲笑う、辛辣かつ深遠な論考。

598
将軍と側近
室鳩巣の手紙を読む
福留真紀
将軍の振る舞いに戸惑い、老中のバカさ加減に憤る——。徳川将軍三代に仕えた儒学者、室鳩巣の手紙を繙くことで、将軍・側近・老中が織りなす政治の世界が生き生きと浮かび上がる。

973
水道を救え
AIベンチャー「フラクタ」の挑戦
加藤崇
水メジャーの台頭、民営化に揺れる日本——現状把握のため、「寿命」が見えない地中の水道管をAIで診断する「フラクタ」のインフラ革命に、世界が驚嘆！　若き起業家が語る。